# EL TEATRO

Ricard Salvat

# EL TEATRO

## como texto, como espectáculo

MONTESINOS

*Biblioteca de Divulgación Temática/17*

*1ª edición : febrero de 1983*
*2ª edición: mayo de 1988*
*3ª edición: enero de 1996*


Edición propiedad de Montesinos Editor, S.L.
Diseño cubierta: Julio Vivas
ISBN: 84-89354-13-8
Depósito legal: B-1992-96
Imprime: Novagràfik,S.A.(Barcelona)
Impreso en España
*Printed in Spain*

*Màscaras encontradas en Ibiza, concretamente en Es Cuieram. Puig Es Molins (Ibiza)*

A la hora de enfocar lo que se entiende por Teatro, hay que clarificar, de manera adecuada, las diferencias existentes entre lo que se denomina «teatro literario» y «teatro-espectáculo».

Resulta que las historias del teatro al uso se han planteado como una ampliación de uno de los géneros literarios que incluían las habituales historias de la literatura. Así se ha hecho historia del teatro como se han escrito historias de la novela, de la poesía, del ensayo o de otros géneros literarios.

A partir del auge de las Facultades de Ciencias Teatrales centro-europeas y de los medios de comunicación de masas, y asimismo, de los adelantos que han comportado ciertas conquistas técnicas como el video, cada vez se tiende más a escribir la historia del teatro desde su perspectiva puramente espectacular y no desde los textos, teatrales. Es más, las gentes de teatro actuales no aceptan otra historia del teatro que no sea la historia del espectáculo. En este sentido cabe señalar, por su calidad de precursora, la *Storia universale del teatro drammatico* de Vito Pandolfi, publicada en Turín en el año 1964. Vito Pandolfi es, a la par que un excelente historiador, un completo hombre de teatro que tiene en su haber una gran experiencia como director de escena.

El ejemplo de Pandolfi es seguido, cada vez más, por los

historiadores del teatro. Un antecedente de Pandolfi podría ser Nikolai Nikolaevic Evreinov (1879-1953), excelente autor y director de escena, que publicó *Le théâtre en Russie avant 1946* e *Historie du théâtre russe.* (1947).

Si se entiende el teatro simplemente como un texto, la problemática alrededor del alcance estético del arte dramático, se reduce de manera muy considerable. El texto teatral es otro género literario más y tiene, de partida, un elemento diferencial que es usar el monólogo o su extensión progresiva en el diálogo con una o varias personas. Como afirma Raul H. Castagnino, «en los manuales de estética o teoría literaria se incluye el estudio del género dramático. En ellos aparecen noticias de cómo nació, de su evolución e historia; se consideran las diversas especies dramáticas y hasta, en algunos casos, se pretende establecer qué elementos integran la obra teatral. Pero en todos ellos queda sobreentendido el teatro como género dependiente de la estética literaria». A la hora de valorar, pues, un texto literario se recurre a los elementos establecidos por tradición por la estética literaria y a la escala de valores que el tratadista haya podido definir con relación a los otros géneros literarios paralelos.

En el teatro entendido como manifestación exclusivamente literaria se exige la intimidad del lector. Ni el tiempo ni el espacio juegan un papel determinante. Un lector puede pasar leyendo una determinada obra teatral durante un largo período de su vida, como puede hacer con una novela o un ensayo, o puede aprehenderla sin pausas de ningún tipo, como asimimo puede suceder con otros productos literarios pertenecientes a otros géneros. Para toda persona de teatro, para todo teatrista, si usamos el término habitual en algunas repúblicas sudamericanas, el llamado «teatro para leer» es un grave atentado contra la especificidad de lenguaje teatral. El teatro en su calidad de texto, sólo sirve en la medida en que da pie a un espectáculo, y

# Contra los espectáculos

Un cristiano debe alejarse de los Espectáculos, porque son contrarios a la verdadera piedad y al culto sincero que debemos a Dios, y a la promesa solemne hecha en el Bautismo de renunciar al Diablo, a sus pompas y a sus obras. Los Espectáculos son parte de la idolatría y de las pompas del Demonio, a las que los cristianos renuncian en el Bautismo. Además de esta fundamental razón que es la idolatría, hay otra, muy importante: Dios ha ordenado conservar, por la tranquilidad y la paz, el Espíritu Santo, tierno y delicado por naturaleza y no inquietarlo por la cólera y las criminales tentaciones. ¿Cómo pueden congeniar con los Espectáculos, que abundan en agitaciones del espíritu y del corazón? No hay allí placer sin pasión; la pasión arrastra la emulación, la cólera, el furor y todas estas secuelas no convienen a nuestra disciplina. Si alguien fuera el espectáculo sin pasión y permaneciera en él sin ser afectado, no hallaría placer y pecaría, por lo menos, por la inutilidad de su acto, cosa que tampoco nos conviene.

Otro motivo concierne a la impudicia del teatro, donde se realizan en público todas las infamias que es normal ocultar cuidadosamente. Resulta absurdo, pues, buscar afanosamente en los Espectáculos lo que en la vida corriente produciria vergüenza u horror. No se puede amar ni siquiera las imágenes de lo que no se debe hacer. El Teatro representa sólo acciones criminales, de furor en la Tragedia, de libertinaje en la Comedia. Es absurdo estimar un arte cuando se desprecia a los que lo ejercen hasta acusarlos de infamia. La ley de Dios ha lanzado su maldición contra las Máscaras y, sobre todo, contra los hombres que se visten de mujeres. Estas asambleas están llenas de peligros. Hombres y mujeres van a ellas, los unos para ver, las otras para ser vistas y con una apariencia extraordinaria. Una mujer que va al teatro, vuelve de él poseída por el demonio.

Tertuliano: *Apologética*

hoy los adelantos de la experimentación teatral han hecho posible que prácticamente cualquier texto, hasta el más difícil y complicado, pueda ser representado.

Para el hombre de teatro actual el espectáculo empieza en el momento en que una serie de personas y elementos que se ha convenido en llamar la «nómina teatral», se ponen en contacto con un público a través de un teatro al uso o de un espacio teatral cualquiera.

En el espectáculo la noción de tiempo y espacio son absolutamente determinantes. Los componentes de la nómina llaman al público para que acuda a un espacio determinado en una hora determinada. La coincidencia entre la nómina y los usuarios de la misma, o sea, el público, ha de ser total y absoluta. Si algun componente del público se ausenta de la representación a la que ha acudido y vuelve al día siguiente o en otra ocasión, no verá exactamente el mismo espectáculo que vieron sus compañeros el día en que él, por las razones que fuera, se tuvo que ausentar.

El espectáculo, pues, empieza en el momento en que el telón o las luces se encienden sobre un espacio determinado por el que deambulan unos seres vivos y en el que están ubicados unos objetos y unos volúmenes.

Para el actual hombre de teatro un espectáculo es toda aquella manifestación que reúne estas características. Repetimos, los componentes de una nómina determinada deben coincidir con los componentes del público en un espacio y tiempo determinados.

Así para el actual hombre de teatro, el boxeo, el fútbol, la corrida de toros, la lucha libre, las fuentes luminosas, e incluso el acto de un líder político ante las masas, son tan «espectáculo» como una representación teatral de Berliner Ensemble, de la Royal Shakespeare Company, del Piccolo Teatro o de la Ópera de Pekín. En el fondo, aquello que define el espectáculo es, en esencia, lo que puede servir para delimitar el rito de los pueblos primitivos. Por eso actualmente el teórico del teatro tiende a doblarse o a confundirse con el antropólogo, y desde las geniales intuiciones de Antonin Artaud se tiende cada vez más al estudio de las manifestaciones ritualísticas que siguen vivas en algunos de los países del llamado Tercer Mundo.

Podríamos aventurar que el elemento diferencial del espectáculo es la movilidad del signo teatral que en él se emplea. Una obra de teatro no se puede ver nunca dos veces de igual manera, pues los actores que intervienen en ella llevan a cabo en cada representación un diferente acto de creación en el que intervienen todos los conocimientos de tipo subjetivo a que está sujeto toda persona humana. Pero es más, es moneda aceptada entre los profesionales del teatro que según sea la composición del público, el tono del espectáculo varía considerablemente. Es más, puede llegar a ser absolutamente diferente según que el actor se enfrente a un público generoso o a un público exigente. Precisamente una de las obsesiones de gran tratadista y director teatral Konstantin Sergueievich Stanislavski (1863-1938) fue la de conseguir que la representación teatral se pareciera cada vez más a la que se había establecido el día del estreno y que los actores pudieran actuar cada día de tal manera que consiguieran, gracias a una técnica o «método» especiales, el mismo nivel de inspiración interpretativa en cada representación que hicieran. Uno de sus seguidores indirectos Edward Gordon Graig (1892-1976) pretendía que el actor fuera un puro elemento, una especie de «super-marioneta» que se moviera en una escenografía tridimensional y practicable, sin ningún margen de error, que se convirtiera, gracias a la luz y a los colores usados de manera simbólica, en un instrumento perfecto que se pusiera al servicio del director del espectáculo que tenía la propiedad absoluta sobre el mismo.

Pero si bien las modernas escuelas de teatro han utilizado las intuiciones geniales de Stanislavski y de Graig, y se ha llegado a una cierta fijación en el arte de interpretar de los modernos comediantes, todos saben que es imposible conseguir la repetibilidad absoluta de los signos empleados por el actor en la representación teatral.

## *LA NOMINA TEATRAL*

Entre los empresarios del negocio del espectáculo es costumbre preguntarse «¿qué nómina diaria tienes?». Se entiende por nómina la cantidad que diariamente paga a quienes llevan a cabo el espectáculo teatral. Ya es sabido que las sociedades de autores (la S.G.A.E. en España) se llevan automáticamente cada día el diez o, a veces, hasta el veinte por ciento de las recaudaciones brutas que entran por taquilla. Descontado esta cantidad, el llamado «empresario de paredes» se reparte normalmente al 50-50 la cantidad ingresada con el empresario de compañía. Este por tanto, paga menos al autor, al resto de los componentes de la compañía. Por extensión los teóricos o filósofos del teatro entienden que «la nómina teatral» es el conjunto de todos los componentes del llamado espectáculo. Raul H. Castagnino definió a los componentes de la nómina teatral según el orden de su integración en el hecho dramático, en los siguientes términos: «1º.–'el autor de la obra', quien pone en marcha el mecanismo del teatro al proporcionar el material primario; 2º.– 'la obra', que entrega el cañamazo sobre el cual se estructura la representación y da a los restantes elementos oportunidad de llenar sus respectivos cometidos; 3º.– 'el director escénico', quien realiza el milagro de convertir la letra inerte del texto en el juego concertado de la vida escénica; 4º.– 'el actor' que presta cuerpo, figura, alma y vida a los seres ficticios; 5º.– 'los accesorios escénicos', como decorados, luces, utilería, vestuario, maquinaria, etc., los cuales contribuyen a crear la ilusión en la realidad irreal de la escena; 6º.– 'el público', recipiendario de la obra, del hecho teatral; para quien y por quien existen todos los elementos anteriores; único juez de los mismos». El gran tratadista argentino señala que excluye otros elementos como son la sala teatral, la empresa, el director del teatro, el crítico, por estimarlos no incorporados a la esencia del hecho teatral, sino externamente adheridos a él.

Si bien seguiremos esta admirable dicotomía, nosotros añadiremos algunos elementos que pensamos que son determinantes para la valoración estética del espectáculo. Así añadiríamos como elementos sumamente decisivos, la sala o lugar teatrales, el decorador o responsable de la plástica teatral, y el productor.

El lugar teatral, sea sala especializada o cualquier espacio que se puede usar, es quizá el más determinante, si tenemos en cuenta las últimas aportaciones de los grupos experimentales surgidos después del magisterio de Antonin Artaud (1896-1948) y, muy especialmente, desde la publicación de su ensayo *El teatro y su doble* (1938), en donde intenta la destrucción del teatro literario y preconiza el regreso a los orígenes rituales, como ya hemos indicado, dando el espectáculo una especie de características liberadoras que ayudan a que el individuo alcance, a través de las zonas mágicas superiores, caminos de conocimiento. Al preconizar como lugar teatral ideal la plaza central que suele haber en los poblados primitivos, se venían a destruir la esencia del espectáculo tradicional. Por eso decimos que la sala teatral, el espacio donde se predica un espectáculo es sin duda alguna el elemento más determinante del espectáculo. El hecho de que el espectáculo se produzca o tenga lugar en un teatro habitual, o en una plaza pública, cambia absolutamente el signo y alcance estético y sociológico del espectáculo. No es lo mismo que el espectador observe una representación teatral desde la butaca de un teatro tradicional –los que se han convenido en llamar teatros a la italiana– que lo haga de pie en la plaza pública o que tenga que moverse según le vaya obligando la marcha de un espectáculo como sucedió en el caso de *Orlando Furioso* (1968) de Luca Ronconi; éste comportaba una itinerancia absoluta por parte del espectador dado que la obra se representaba sobre unos carros que iban deambulando por los espacios elegidos: plazas de pueblo o espacios deportivos.

## *MIRADA BIDIMENSIONAL*<br>*MIRADA TRIDIMENSIONAL.*

La mirada del espectador varía según se le coloque en el acto del espectáculo. Si se sienta en un teatro al uso, en un teatro a la italiana, su retina aprehenderá el espectáculo que se produce en un espacio tridimensional, de manera bidimensional. Su ojo irá captando desde la fila en que se haya colocado, lo que sucede en el escenario como si fuera una película. Su actitud frente al escenario funciona automáticamente de manera parecida a la que pone en marcha cuando está visualizando un film. La única diferencia es que mientras en el film la cámara fotográfica le da, de base, la aprehensión de la tercera dimensión, porque la cámara cinematográfica ha exasperado al máximo y convertido en movimiento las conquistas de la cámara fotográfica, en el espectáculo la tercera dimensión existe, los actores deambulan en un espacio que es tridimensional pero la composición que el director de escena hace en el mundo de los escenarios de la burguesia, es habitualmente pictórica y desde la escenografía hasta la colocación de las masas sobre el escenario acostumbran a seguir las leyes de la perspectiva italiana. Por tanto la retina del espectador va fotografiando –y desde la invención del cine esto sucede cada vez de manera más marcada– lo que ve sobre el escenario. Sabe que nunca podrá subir al escenario, que él nunca podrá usuar de manera tridimensional lo que de hecho se produce en un espacio tridimensional. La fuerza de la tradición, el hecho sociológico de que el lenguaje teatral quizás sea el más retrógrado de todos los lenguajes artísticos, le obligan a que acepte una convención que, de hecho, es una falacia, en virtud de la cual el espectador usa, insistimos, bidimensionalmente una realidad tridimensional. Sucede algo parecido a lo que ocurría en los museos al uso con las piezas escultóricas, normalmente las esculturas se adosaban a la pared y se obligaba al espectador a verlas desde una perspectiva frontal; en Italia sigue sucediendo esto con algunas piezas maestras de Miguel Angel. Y en el Louvre pasa aun algo parecido. De hecho hay muy pocos museos en el mundo que permitan que el usuario deambule alrededor de la escultura, que pueda aprehenderla en su totalidad de manera adecuada.

La gran revolución copernicana del espectáculo se produce en el momento en que una serie de creadores aceptan que el usuario debe tener acceso a la tridimensionalidad del espectáculo en su totalidad, o sea que el espectador debe poder deambular en el propio espacio en que se predicará el espectáculo. Las intuiciones que Jerzy Grotowski tuvo en ese sentido y que llevó a cabo en el teatro laboratorio 13 Rzedow de Opole han sido desarrollados por Eugenio Barba (n. 1936), el ya mencionado Luca Ronconi (n. 1933), Armando Pugliese (n. 1946), Ariane Mnouchkine (1939) y otros creadores. Se ha llegado a la conclusión de que cada espectáculo necesita un espacio teatral determinado y que ese espacio debe ser usado de manera paritaria por los emisores del espectáculo y por los receptores del mismo. De hecho, cada vez se tiende más a considerar como espacio teatral ideal la plaza normalmente circular de las tribus primitivas. El retorno a la dimensión ritual del espectáculo ha comportado que cada vez se acepte, como más válida, la participación del usuario en su dimensión activa y más determinante. Por tanto el espectáculo moderno preconiza actitudes paralelas a las que usa la literatura oral. De esta forma el teatro más evolucionado entronca con la verdadera esencia del lenguaje literario que implica, en su más pristina expresión, la aprehensión a través del oído y no de la vista. De la misma manera que "La Galaxia Gutemberg" ha comportado para la literatura una especie de heterodoxia pues ha obligado al usuario de los géneros literarios y concretamente de la poesía a leerlos y no a escucharlos, la "Galaxia Video" podrá comportar, y de hecho ya lo está haciendo, una nueva lectura del espectáculo teatral que sí permite la fijación del signo teatral. Pero de la misma manera que la literatura, en parte, vuelve a sus orígenes musicales a través de los cantautores, el teatro vuelve a la disposicón del rito. Los espectadores rodean al oficiante y en algunas ocasiones se confunden con él. El teatro es cada vez más la mezcla espacio-temporal irrepetible y también cada vez más las barreras entre los emisores de los mensajes teatrales y los usuarios se tienden a borrar.

Por extensión podríamos decir que el descubrimiento del video y la posibilidad de tener filmotecas en casa, comporta que el cine se vaya separando, cada vez más, del mundo del espectáculo y que se acerque al mundo de la literatura, sobre todo a la literatura surgida gracias a la galaxia Gutemberg. Hoy día podemos *leer* una película como si leyéramos una novela. En los cines al uso no se nos permite volver a ver una secuencia si esta ha sido de nuestro agrado. Cuando leemos una novela, un poema o un ensayo, nadie nos impide repetir tantas veces cuantas queramos el trozo preferido. Ahora podemos hacer algo parecido con el cine. El espectáculo teatral, por el contrario, es el único que, como el concierto musical, no permite la repetición. Ya sabemos que hace años cuando una escena o un monólogo gustaba mucho se aplaudía y los actores, en algunos casos, solían repetir las escenas o monólogos que habían sido objeto del entusiasmo del público. Afortunadamente, gracias a los adelantos de la moderna puesta en escena, esta costumbre ha sido totalmente desterrada.

Se podría aventurar una división de lenguajes artísticos y los tratadistas de estética lo han hecho, entre lenguajes simples y lenguajes compuestos. A la primera división corresponderia la escultura, la pintura, la cerámica, todos aquellos códigos que el creador puede afrontar en solitario o con la ayuda de un mínimo equipo. En estos lenguajes es fácil, por lo general, descubrir la autoría de quién ha llevado a cabo el producto. En los lenguajes compuestos la intervención de lo que en el mundo del teatro hemos llamado "nómina" o de los diferentes componentes de los equipos que llevan a cabo los productos adscritos a estos lenguajes, hace muy difícil descubrir quien es el último responsable estético del producto. Eso sucede en el mundo del cine, de la danza, de la arquitectura, del teatro, del concierto en vivo, etc., etc. A partir de la era del Video, la diferenciación entre los diversos lenguajes complejos y muy particularmente entre el mundo del cine, del teatro y de la música, es más fácil de establecer. En unos el signo empleado es repetible y se permite la detención en la lectura del mismo, y en los otros no. Por esta razón, hoy cada día tendemos más a aproximar el espectáculo teatral al convierto en vivo y a la literatura oral. En esas tres manifestaciones el mundo de la creación con signos fijos, texto teatral, partitura, texto literario, se confundiría con el mundo de la interpretación: los actores, el director teatral, los músicos y el director de orquesta, el recitador y el posible acompañamiento musical.

El video, el disco o el libro servirán a estos lenguajes simplemente como referencia. A través de ellos se ayudará a construir, o a reseguir la historia de la interpretación de un texto, de una partitura o de un poema, pero la verdadera esencia del teatro, de la música y de la poesia oral, sólo se producirá en ese extraño misterio que funde, en una misma realidad, un espacio, un tiempo y unos intérpretes determinados.

## *NOCION DE TEATRO-ESPECTACULO.*

El espectáculo teatral sería pues la amalgama de una serie de elementos que frente a una masa humana magmática conocida con el nombre de público, da una realidad particular que en unos casos suelen tener como base un texto teatral, pero que no es absolutamente necesario que ese texto exista. Es muy importante tener siempre en cuenta los diferentes componentes de la "nómina teatral", o sea, el autor de la obra, el texto, el director escénico, el actor, el decorador y figurinista, el iluminador, el responsable de los accesorios escénicos, el responsable de los elementos técnicos. Este orden es el que los teóricos del teatro al uso han solido aceptar pero no debe tenerse en cuenta ningún tipo de prelación. Para empezar, además, hay que aclarar que donde se dice texto teatral se podría poner guión de mimodrama. De hecho es igual un texto, pero no se emplea el diálogo que tradicionalmente se da como la base fundamental estética del género dramático. Algunos textos de Samuel Beckett (1906) son, como por ejemplo *Actos sin palabras,* la simple descripción del deambular de un ser humano en un espacio abstracto concreto. Es muy importante descubrir cual de los elementos constitutivos de la "nómina teatral" se coloca en la base de la misma, condiciona al resto de los componentes de esa nómina y consigue que el mensaje ideológico en su triple dimensión ética-estética y política, sea suyo. De hecho no hay prelación de unos elementos sobre otros, y así en algunos casos puede ser fundamental y determinante el autor de la obra, en otros el actor, en otros el director, incluso se da el caso que puede llegar a serlo el decorador o el responsable de los elementos técnicos. El crítico, la persona que quiera hacer una lectura adecuada de un espectáculo, debe saber dilucidar quién está en la base del mismo, y quién es el real y último responsable del mensaje emitido que él pretende recoger. Pensamos que no hay que hablar de espectáculo sino de familias de espectáculos. Según se coloque como responsable a cada uno de los elementos de la nómina, tendremos una familia diferente de espectáculos. En el mundo de la crítica cinematográfica y, concretamente, después de la experiencia llevada a cabo en la primera época de la revista "Cahiers de Cinema", los términos película de autor, película de actor, película de director, película de efectos ténicos, son términos habituales y la crítica especializada, las filmotecas, usan esta terminología de una manera automática. Incluso después de los años 60 se ha abusado tanto de ese tipo de clasificaciones, que hoy la última crítica cinematográfica tiende a olvidarlas e incluso se intentan historias del cine a través de analizar cronológicamente el funcionamiento ideológico y económico de las grandes productoras. En el teatro, no es tan habitual acudir a este tipo de terminología, pero de una manera u otra, explícita o implícitamente la crítica universitaria las va usando cada vez más.

Es conveniente recordar que a lo largo de la historia del teatro, se han dado épocas en que se ha valorado, de manera fundamental, y a veces exclusiva, cada uno de los elementos constitutivos del hecho teatral. Así, durante el período de la *commedia dell'arte* el actor, el cómico, fue,

## La fama de Arlequín

Aquellos para quienes Lear y Otelo son nombres conocidos demostrarán, con casi absoluta seguridad, conocer igualmente a Pantalone y a Pulcinella. Y por lo que se refiere a Arlequín, podemos afirmar con certeza que hoy los dos personajes teatrales más conocidos universalmente son él y Hamlet... Otra característica distinta se revela, cuando tenemos en cuenta que a Hamlet solamente lo buscamos en la tragedia de Shakespeare; de hecho, en las pocas ocasiones en que uno u otro autor teatral se aventura a escribir una obra en la que lo introduce como personaje, experimentamos cierta incomodidad. Por otro lado, Arlequín ocupa un lugar adecuado en decenas, centenares de obras dramáticas. Eso significa que el primer personaje se trazó una vez por todas, que Shakespeare lo creó inmutable, mientras que Arlequín es un personaje repetido infinitamente, teatralmente permeable. Poetas dramáticos de muchos países han creado papeles claramente basados en el conocimiento de la obra maestra de Shakespeare, pero en casi todos los casos han intentado disimular la semejanza o por lo menos, esforzarse por evitar que los lectores y los espectadores hiciesen comparaciones formales. Arlequín entra oportunamente en comedias distintas del género a que está habituado de forma más propia.

Allardyce Nicoll: *El mundo de Arlequín. Un estudio crítico de la Comedia dell'Arte* de hecho, el único responsable del mensaje emitido. Él solía improvisar el texto que interpretaba. Se expresaba de una manera total y la palabra, al igual que el gesto, ayudado a veces por elementos adjetivos (ruidos, saltos, acrobacias), servían para determinar su visión peculiar del mundo. Durante la Edad Media posiblemente el último responsable del espectáculo fuera el decorador. En el período clásico griego y latino, como es sabido, el elemento fundamental fue el autor. Se tendió a olvidar que el autor en la Antigüedad Clásica, solía ser también el director del espectáculo, pero de hecho el autor fue el elemento determinante del momento que las historias dan como punto álgido de la historia del teatro literario. En el período que abraza desde 1880 hasta 1950 el elemento clave y determinante fue el director. Por tanto la historia del arte dramático y aunque hay que recordar que normalmente sólo se da como historia válida la creada por la raza blanca, es muy rica, muy compleja y ofrece una tradición tan amplia que permite que cada familia de espectáculos encuentre uno o varios períodos históricos en que apoyarse. La familia privilegiada, es, sin duda ninguna, la que se basa en la omnipresencia estética del autor, pero una real contemplación de la verdadera historia del arte dramático arroja largos períodos de actividad en que los protagonistas del espectáculo fueron los otros elementos de la nómina teatral. No hay que olvidar además que a partir de Antonin Artaud, cada vez nos vemos más obligados, afortunadamente, a escribir el devenir de las cosas teatrales a escala universal. En el momento en que las tradiciones dramáticas de la India, China, Japón, Países Africanos, Países Sudamericanos, Australia, etc., entran en consideración histórica para el estudioso del teatro, el panorama se enriquece hasta extremos insospechados. El denominador común de todas estas complejísimas familias de espectáculos es el de la gran transformabilidad del signo teatral que volvemos a insistir, viene a constituirse en el carácter específico del teatro. A partir del siglo XIX se han ido generando una pluralidad de teorías sobre el teatro que tiene, como preocupación última, organizar y unificar la pluralidad de elementos y materiales diversos que constituyen el espectáculo. El problema es siempre el mismo, ¿tienen todos los componentes del espectáculo igual validez estética o tienen que subordinarse necesariamente unos a otros? La teoría fundamental que se planteó hasta las últimas consecuencias el alcance del arte teatral, fue la del *Gesamtkunstwerk* de Ricardo Wagner, teoría que fue ampliada en el ámbito de la praxis escénica, en el mundo de la dirección teatral, por los nietos de Wagner y por el gran director E.F. Burian. Pero como afirmaba Jindrich Honzl en su ensayo *La mobilidad del signo teatral* publicado en Praga en el año 1940, la teoría del *Gesamtkunstwerk*, del arte total, disimula, más que no desvela, la verdadera esencia del teatro. «Esta teoría dispersa alrededor del arte del teatro, tantos otros artes que el hecho teatral mismo se funde y desaparece en ellos; nosotros no sabemos donde buscarlo». Para Jindrich Honzl, la teoría del *arte total* no reconoce las mutaciones del signo teatral, signo que pasa cada vez a un material diferente, y afirma implícitamente dicha teoría wagneriana que no existe un material específico, único, teatral, sino que hay muchos tipos de materiales y que es necesaria la yuxtaposición de los mismos para conseguir el hecho teatral. El arte teatral, pues, no existe por sí mismo, sino que surge como una especie de manifestación concordante de la música, de la poesía, de la pintura, de los elementos arquitectónicos, de los literarios en su vertiente épica y descriptiva, etc. O sea, en otra palabras, aparece como el resultado de una combinación de las otras artes. Pero el gran tratadista checo se opone totalmente a este concepto de teatro y valora lo que él llama, retornando a un término muy tradicional, *la acción*. Según él, la acción, que es la esencia misma del arte dramático, hace fusionar la palabra, el actor, el figurín, el decorado y la música, "en aquel sentido que nosotros le reconocemos como conductores de una corriente única, que los atraviesa pasando de uno a otro o por varios a la vez. Nosotros seguiremos la comparación añadiendo que esta corriente (la acción dramática) no pasa por el conductor de resistencia más débil (la acción dramática no está perpetuamente concentrada en la actuación del actor), sino que el fenómeno teatral nace justamente cuando se encuentra dominada la resistencia que opone a la expresión tal o tal medio teatral (efectos particulares que se crean cuando la acción ha sido concentrada únicamente en la palabra o en un gesto del actor o en un ruido detrás del escenario, etc.) de la misma manera que un hilamiento eléctrico brilla en función de la resistencia que opone a la corriente".

*LA ACCIÓN.*

El movimiento teatral sería el elemento fundamental para acoger en el escenario aquello que quizá le sea consubstancial: la expresión del acto del hombre: La esencialidad del «caminar del hombre» sobre un espacio determinado, expresando con todo ello su posición frente a los otros hombres, frente a los objetos que le rodean, frente al mundo, expresando, pues, una cosmovisión. Aquel componente de la nómina que sea capaz de expresar en su totalidad más completa el acto del hombre, podrá arrogarse la real paternidad, la última autoría del espectáculo. Gordon Craig pensaba que el hombre no ha conseguido aún desvelar el último secreto del movimiento. De hecho aún no sabe lo que realmente es este movimiento. El gran creador inglés se pasó toda su vida intentando desentrañar algunos de los misterios del movimiento en su íntima relación con el arte dramático. Craig creía que hay dos clases de movimiento, de dos y de cuatro ritmos que vienen a expresar el cuadrado, y de uno y de tres que sirven para representar la circunferencia. Según él, había algo fundamentalmente masculino en el dibujo del cuadrado y de esencialmente femenino en la gran curva cerrada de la circunferencia. Todo movimiento que se ordene de manera binaria o ternaria, produce en la sucesión del mismo un ritmo, y este ritmo es, en el ser humano, un sentido innato. Craig llegó a afirmar que el sentido del movimiento en el hombre está arraigado y desarrollado de manera más universal que el de la música. El hombre pues sería, por esencia, movimiento, y el ritmo una de sus formas particulares. A través del movimiento y del ritmo se puede llegar a develar las últimas verdades. Él decía a los actores lo siguiente: «Al principio estabais ocupados en la interpretación (de papeles); de ella habéis pasado a la Representación (de obras); ahora penetraréis en la Revelación. Mientras que os ocupabais de personificar y de representar hacíais uso de materiales de los cuales el hombre siempre se ha servido hasta aquí: del cuerpo humano, en la persona del actor; de la palabra, formulada por el poeta y el actor; del mundo visible, figurado por medio de la *mise-en-scène.* En adelante revelaréis las cosas invisibles, que percibe la mirada interior, por medio del Movimiento, por medio de la divina y maravillosa fuerza que es el movimiento». Por caminos del esoterismo y de la iniciación ritual, Craig intuiría algunas verdades que los grandes teóricos de los movimientos objetivistas y del teatro político desarrollarían. Para Jean-Paul Sartre, por ejemplo, la esencia del teatro es una imagen, y los gestos son la imagen de la acción. La acción dramática es la acción de los personajes, y ello no implica que esta acción sea sinónimo de gran movimiento, de gran ajetreo o de algo tumultuoso e insoportable. Para él el teatro también es movimiento y acción, sólo que, de hecho, la acción propiamente dicha es la del personaje. En el teatro no hay otras imágenes que la imagen del acto. Y si uno quiere saber lo que es el teatro, debe preguntarse sobre lo que es un acto, porque el teatro representa el acto y no puede representar otra cosa. Así como la escultura representa la forma del cuerpo, el teatro representa el acto de este cuerpo. Sartre deduce que es muy lógico que cuando nosotros acudimos al teatro queramos encontrar allí nuestra imagen, esperemos recuperarnos a nosotros mismos, pero no en tanto que somos pobres, más o menos bellos o más o menos jóvenes, sino que intentamos recuperarnos en tanto que actuamos, trabajamos o nos encontramos con dificultades, y, sobre todo, porque somos hombres que tienen unas reglas que son establecidas a través de las acciones. Este es el teatro que defiende Sartre, que como creador teatral se encuentra en uno de los últimos eslabones de evolución del fenómeno realista que iniciarían Honoré de Balzac (1799-1850) y Émile Zola (1840-1902) y que continuarían Anton Chejov (1860-1904), Maxim Alexei Pyeshkov Gorki (1868-1936), Erwin Piscator (1893-1966) y Bertolt Brecht (1898-1956). La corriente realista que intenta repetir, absoluta o esencialmente, la imagen del hombre y el acto del mismo, es una de las grandes aportaciones del teatro del siglo XIX y XX. Y a ella nos referiremos en capítulos futuros. Cremos conveniente señalar que en la actitud sartriana que acabamos de reflejar se encuentra expresada la digamos desesperación de Émile Zola, el gran jefe del movimiento naturalista que, viendo la capacidad imaginadora de intrigas de Victorien Sardou (1831-1908), uno de los maestros y máximos representantes de la «pièce bien faite» y uno de los máximos servidores del «star-system», expresaba su indignación en los siguientes términos: «Su gran cualidad es el movimiento; pero no hay vida en sus obras, sino un movimiento endiablado que hace agitarse, en perpétua convulsión a los personajes, dándonos a veces la ilusión de que viven; pero, después de todo, esta vida es ficticia y la produce simplemente un organismo mecánico perfectamente dispuesto».

Como afirmaba Sartre, el teatro que él defendía está en las antípodas del teatro burgués al uso que empieza en 1830 y que sigue dominando la mayoría de los teatros de los países capitalistas y algunos de los países socialistas. El teatro del período burgués, incapaz de crear una verdadera forma teatral como lo hacen las grandes épocas creadoras dramáticamente, encuentra una fórmula ideal, un juego de relojería narrativo, una pieza de orfebrería: la pieza bien hecha, en la que no hay, de hecho, ningún tipo de acción dramática real. El teatro burgués, en el caso de estar dispuesto a aceptar algun tipo de acción, es un tipo de acción que Jean-Paul Sartre denomina "neo-dramático" algo parecido a un *ersatz* de la verdadera creación. La burguesía no quiere nunca que se represente en los escenarios que ella posee la acción del hombre, y sólo está dispuesta a que se le muestre la acción del autor construyendo unos acontecimientos: «La burguesía, en efecto, quiere hacerse representar la imagen de sí misma, pero –y aquí comprendo por qué Brecht ha creado su teatro épico, es decir, cuando se ha colocado absolutamente en la dirección opuesta–una imagen que sea participación pura, que no quiere absolutamente hacerse representar como *quasi-object.* Porque cuando es puramente un objeto no es demasiado agradable... El teatro burgués es, pues, subjetivo no porque se vea en él lo que pasa en la cabeza del personaje, a menudo no lo vemos en absoluto, sino porque la burguesía quiere una representación de sí misma que sea subjetiva, es decir, quiere que se produzca una imagen del hombre sobre el teatro de acuerdo con su propia ideología y no buscando a través de esta especie de mundo de individuos que se ven, de grupos que forman juicios los unos sobre los otros, porque si esto se produjera sería contestada».

En el fondo, después de unos largos ejercicios llevados a cabo por los teóricos del teatro de todos los tiempos, hoy día seguimos estando muy cerca del Aristóteles que afirmaba: «por consiguiente las costumbres califican a los hombres, mas por las acciones son dichosos o desdichados. Por tanto no hacen la representación para imitar las costumbres, sino que se valen de las costumbres para el retrato de las acciones. De suerte que los hechos y la fábula son el fin de la tragedia (y no hay duda que el fin es lo más principal en todas las cosas), pues ciertamente sin acción no puede haber tragedia».

*EL ACTOR.*

Podemos afirmar que el hecho teatral es fundamentalmente acción y movimiento y se produce cuando todos los elementos constituyentes del mismo se entreveran absolutamente, se funden y amalgaman en una nueva realidad: el espectáculo. En algunos casos, como hemos dicho antes, la autoría del mismo corresponde al actor.

Movimiento y elemento lúdico suelen confundirse en el mundo del teatro. Como, por extensión, en el mundo de la creación artística. Todo es juego, todo es movimiento, todo es acción. Ya J.Huizinga en su *Homo ludens* nos enseñaba que todas las formas del arte se producen dentro de la esfera lúdica y luego se van distanciando de ella a medida que crean su propio lenguaje. El único código artístico que permanece siempre dentro de la zona lúdica es el espectáculo. El propio lenguaje técnico con que designamos los componentes del espectáculo son un continuo recuerdo de esta relación. En latín el concepto que equivale al drama griego es ludi (orum) o sea, jugado. El drama es jugado. Los *ludi* romanos eran unas fiestas o espectáculos que se daban al pueblo para divertirles. La bailarina o actriz cómica recibía el nombre de ludia, –ae, que interpretaba públicamente farsas, que «jugaba» estas farsas. El actor ludius, –ii, hacía un papel parecido. Incluso Huizinga afirma que «la misma actitud espiritual del público frente al espectáculo, el *vivir la ficción,* era y es esencialmente juego». Así cuando el espectador concentra sus dos canales fundamentales de recepción el oído y la vista frente a una acción dramática cuyas reglas de juego está dispuesto a admitir y acepta que el actor equis es Hamlet, Lorenzaccio, Orestes o el Príncipe de Homburg, está haciendo un tipo de translaciónes paralelas a las que lleva a cabo el niño cuando juega a ser un bombero, un torero, un excursionista. Philip Weismann pretende en su enfoque psicoanalítico del comportamiento de la creatividad en el teatro, que el actor al igual que todos los artistas creativos tiene cierta necesidad y facultad de exhibirse: «estas cualidades se encuentran en escritores, compositores y pintores que indudablemente no son considerados como artistas actores. El arte es un mundo de comunicación y creación, y el vehículo instintivo para esa creación es el impulso exhibicionista. Sin embargo, el actor utiliza su cuerpo, sus partes, como instrumentos artístico, ya que son los instrumentos exclusivos de su creatividad, su exhibicionismo es intensamente personal y único».

El arco de intereses que mueve al actor abraza desde el puro juego a la obsesión exhibicionista. Pero el elemento lúdico está siempre presente en la base magmática de que parte. Es muy revelador que la mayoría de lenguas románicas designen el oficio de actor como un juego. En italiano *giòco* es el juego infantil, significa no sólo el acto y el modo de jugar, sino también la manera de ejecutar instrumentos musicales o de actuar los cómicos. Algo parecido ocurre en la expresión francesa *jouer son rôle* que significa interpretar un papel. En inglés *play* significa a la vez el juego como la interpretación teatral o ejecutar un instrumento. *Lustspiel* (juego de placer) significa comedia, y *Trauerspiel* (juego de aflicción) significa tragedia. El actor, en lengua alemana, se denomina *Schauspieler,* o sea el que juega la exhibición. Por tanto, en la palabra alemana los dos extremos del arco expresivo del actor, el juego y el exhibicionismo, se encuentran básicamente unidos.

El actor es, de todos los elementos de la nómina teatral, el que resulta siempre imprescindible. A la hora de ir prescindiendo de algunos componentes del complejo teatral, siempre acabamos reduciéndonos al actor. Claro está que en una visión amplia del mundo del espectáculo entraría la posibilidad de los espectáculos de luz y sonido, de fuentes luminosas o de marionetas mecánicas movidas a través de programa electrónico. En estos casos extremos el espectáculo empieza a perder aquellos elementos que le daban su carácter diferencial, la movilidad del signo teatral. Pero prescindiendo de estas manifestaciones espectaculares o paraespectaculares a que acabamos de referirnos, en un porcentaje altísimo del mundo del espectáculo el actor, el bailarín, el mimo son absolutamente fundamentales. En su desplazarse, en su moverse por un espacio determinado, nos revelan la imagen del hombre. Es necesario pero no absolutamente imprescindible que posean un oficio para mostrar esta imagen; pero en-su-estar-ahí, dentro de un espacio acotado, y en su deambular por el mismo, se halla la esencia del espectáculo. En la antigüedad griega y romana los actores podrían ser una continuación de los antiguos 'aedos' y rapsodas. De hecho, los tratadistas pretenden que el actor, en el sentido moderno de la palabra, nace en el siglo VI antes de Cristo cuando Tespis de Icaria, personaje de características absolutamente legendarias, cuya verdadera existencia histórica es muy difícil de probar, inició el drama trágico separando del coro ditirámbico al protagonista o primer actor. Esquilo (525-456) instroduciría un segundo actor o deuteragonista y Sófocles (496-406), un tercer comediante o tritagonista. En la antigüedad ninguno de los géneros conocidos: el trágico, el cómico y el satírico, utilizó más de tres actores. Por lo común estos comediantes representaban incluso los papeles femeninos. Como es lógico cada uno de ellos interpretaba más de un personaje y se calzaba unas máscaras y usaba de unos vestidos complicados y de un calzado que lo realzaba, los coturnos, y que le obligaban a permanecer casi inmóvil sobre el escenario. Por tanto uno de los primeros signos que revelan la transición del espectáculo ritualístico al espectáculo literario es la reducción del movimiento y el cambiar las máscaras animalísticas por máscaras humanas. En el drama trágico el actor sirve de vehículo a un texto que usa de la noción de tiempo para explicar una historia. El actor, por tanto, se hace tiempo y el teatro adquiere una dimensión, que analizaremos más adelante, que le va separando de la esencia del rito y del espectáculo en sus formas más primarias. Se tiende a interpretar el teatro antiguo como un hecho parareligioso. De hecho hay muy pocos elementos de juicio que permitan hacer ningún tipo de interpretación seria y responsable. Lo que sí es un hecho comprobable, es que en la Antigua Grecia los actores gozaban de una muy alta consideración social. Solían recibir sus honorarios del Estado y gozaban de privilegios muy particulares como, por ejemplo, la excensión del servicio militar y una inmunidad absoluta que, en tiempos de guerra, le permitía transitar con toda libertad por territorio enemigo. En la Antigua Roma el actor pierde dignidad y no está considerado como un ciudadano de primer orden, muy al contrario, el oficio de actor tenía connotaciones infamantes y estaba prohibido a los ciudadanos romanos, bajo la pena de perder todos sus derechos civiles. Eran actores sólo los esclavos y algunos libertos. La mujer tuvo difícil acceso al teatro romano y sólo hizo su aparición en el momento del Bajo Imperio. En las farsas atelanas que son una de las manifestaciones más interesantes que se dan en la antigua Roma desde el punto de vista del moderno espectáculo, sí tuvo acceso la mujer y los hombres libres. La farsa atelana se genera en la ciudad de Atella en la Campania y era una especie de farsa divertida, de características muy realistas, basada en un cañamazo que estaba plagado de golpes de efecto cómico. Contaba con una serie de personajes arquetípicos que usaban una máscara también fija: Maccus, Bucco, Pappus, Dosennus, eran algunos de estos arqueotipos. En las compañías de mimo también eran admitidas las mujeres. En Roma las compañías solían tener un director de compañía que normalmente coincidia con el primer actor, era el llamado Dominus Gregis, el responsable de la Grex o compañía, que tenía como misión elegir el reparto y que compraba a los autores las obras que debían representar. Algunos directores famosos fueron Publillio Pellione, Ambivio Turpione y Atilio di Preneste. Durante el período bárbaro y en la Alta Edad Media, los actores aún fueron peor considerados que en Roma. El comediante era objeto de anatemas y se le consideraba instrumento del demonio, no sólo porque acostumbraba a mostrar escenas que chocaban con la moral ambiente, sino porque se le veía como un último representante del paganismo que se pretendía erradicar. Entre los actores medievales sólo los *Minstrel* ingleses, que florecieron entre el siglo XI y XV, consiguieron algún reconocimiento social. La Iglesia consciente del peligro que constituían las compañías de actores, organizó representaciones teatrales que llevaban a cabo los propios miembros de la iglesia que, más tarde, fueron substituídos por actores aficionados afiliados a las cofradías religiosas. y a los gremios artesanales. En la Edad Media los actores profesionales se reducen a ser juglares, trovadores, acróbatas, bailarines, cantantes, recitadores de chistes, etc. En este momento más que nunca, se vuelven a confundir con los elementos corporizadores de la literatura oral.

Cuando los espectáculos sacros se fueron convirtiendo en espectáculos ciudadanos, el teatro volvió a necesitar la participación directa de los actores profesionales, pero, de hecho, la verdadera profesionalidad del actor no se produce en el período humanista italiano sino en las representaciones populares de la *Commedia dell'Arte.* Las comedias eruditas , las fábulas pastoriles y las tragedias de corte clasicisante, eran representadas por nobles, académicos, estudiantes, escritores, y se crearon compañías de nobles en el siglo XV y XVI que no eran sino una continuación o derivación del teatro de los gremios y de las cofradías medievales. Los hijos de Lorenzo el Magnífico actuaron en algunas de estas compañías nobles de Florencia. Los académicos recurrían a veces a los actores profesionales, pero esto no era habitual.

La *Commedia dell'Arte* viene a constituir el centro neurálgico expresivo del arte del actor y crea, desde la real base del pueblo bajo, una forma teatral con la que se opone a las grandes cimas del teatro noble, estudiantil y académico. Esos hitos fueron, por ejemplo, la *Sofonisba* de Gian Giorgio Trissino (1478-1550) y muy especialmente de *Mandrágora* de Maquiavelo, representada por la Compañía Olimpici de Vicenza, y la *Talanta* de Pietro Aretino estrenada por el grupo Sempiterni de Venecia (1561).

La *Commedia dell'Arte* no sólo es la única forma popular creada por el pueblo, sino que es la zona expresiva en donde el actor encuentra la posibilidad de afirmar su absoluta autoría como responsable del espectáculo. En las historias del teatro al uso, se suele hacer escasísima referencia al apasionante mundo de la *Commedia dell'Arte,* por el contrario, nosotros quisiéramos dar a esta gran forma de espectáculo la importancia que merece. Ella explica lo que de más genuino y esencial hay en el ámbito del espectáculo pero, a la vez, es una de las más personales manifestaciones de la cosmovisión latina, de la manera de ser mediterránea. De hecho la *commedia dell'arte* se convierte en el símbolo del espectáculo.

La *Commedia dell'Arte* también se conoce con el nombre de *Commedia all'improviso* (que utiliza la improvisación), *Commedia popolare* o *Commedia de Maaschere.* También recibe las acepciones de «Bufonesca», «histriónica» y «a soggetto». Para algunos estudiosos, como Maurice Sand, es la comedia por excelencia. Para otros, el Dr. Scherillo, es la comedia que sólo puede ser interpretada por actores profesionales. En realidad es uno de los complejos teatrales más interesantes de la historia del arte de representar y quizás la aportación más importante que el teatro ha hecho al arte y cultura populares de Occidente.

En la Comedia, los actores improvisan sobre un cañamazo más menos aprendido, apoyándose en unos personajes fijos, que se van repitiendo. Con la Comedia surge el actor profesional que vive de su oficio. La Commedia erudita, contra la que reaccionará y se opondrá la *Commedia dell'Arte,* era representada por actores no-profesionales, pero con el éxito de la Commedia surgen los cómicos que vivían de lo que sacaban con distraer a la gente. Estos cómicos son unos actores totales : danzan, hablan, cantan, miman, saltan y también son autores, casi sin darse cuenta, pues añaden ocurrencias y palabras al cañamazo aprendido de memoria, en el momento de frenesí de la representación. Y si sus ocurrencias han sido acertadas, quedan incorporadas al cañamazo.

Estos actores y esta expresión teatral, están muy cerca del teatro primitivo griego-romano, y de todas las manifiestaciones de orden más o menos teatral –hechicerías, fiestas, ceremonias rituales– de las tribus primitivas, que aún existen hoy día. Según dice Jean-Louis Barrault (1910), el hombre primivito se expresa con los quejidos de su voz y las contorsiones de su cuerpo, utilizando una síntesis muy próxima a la música, y entiende por música a la mezcla homogénea de verbo, ritmo y movimiento corporal. En su origen el hombre se expresa totalmente y afirma su estar en el mundo cantando, danzando y recitando al mismo tiempo. Y la danza significa en este momento, como dice Platón, la imitación de todos los gestos y de todos los movimientos que el hombre puede hacer. Así, pues, en el año 514 de Roma, Livio Andrónico, griego de origen, compuso una acción dramática total en la que mezclaba poesía, música y *saltación* o arte de hacer gestos (Saltus de Arcadia fue el primero en enseñar este arte a los romanos, de aquí el nombre). Estos *saltadores* o histriones (la palabra *hister* viene del toscano y quiere decir *saltador,* o procede de un famoso saltador de Etruria: Hister) mantuvieron ellos solos la débil llama del teatro en el período post-alejandrino. Solían actuar en los entreactos, repitiendo y parodiando mímicamente lo que ha sucedido en el acto anterior, y se especializan en el arte del gesto y de la pantomima, que obtendría un gran éxito en tiempos de Augusto. En la Edad Media vuelven a surgir los histriones y de nuevo vuelven a florecer en la *Commedia dell'Arte,* pero no especializados como mimos, sino de nuevo hablan, cantan y danzan y hasta tocan instrumentos. Según dice Barrault, han vuelto a ser *música* y se expresan de nuevo totalmente.

La *Commedia dell'Arte* se predicará en dos planos fundamentales: el mimo y el verbo improvisado. El gesto tiene más importancia que la palabra y a veces el texto está subordinado al gesto y a menudo no existe. La *Commedia* surge cuando después de morir Ariosto (1474-1533) y Maquiavelo (1469-1527), la comedia erudita entra en un período de decadencia. La académica frigidez y falta de realismo de la comedia *sostenuta* (cerrada) posibilitó que el público se cansara de ella, incluso el más aristocrático, y se preocupara de aquella nueva manera de hacer teatro que, parodiando y en reacción a la comedia erudita, iba obteniendo un gran éxito, y como dice Guillaume Apollinaire (1880-1918) «penetraba incluso en los palacios, donde ponía su fantasía entre las escenas mitológicas, interrumpiéndolas y amenizándolas con peleas de máscaras graciosas o grotescas, con disputas de locos y cuerdos batiéndose a golpes de bastón».

La *Commedia dell'Arte* sitúa la acción de sus rudimentarias tramas, en la Italia contemporánea y no en la Antigüedad Clásica, como era costumbre en la comedia erudita. Los actores de la *Commedia* tuvieron en las comedias del Ruzzante una de sus principales fuentes de inspiración. Angelo Beolco llamado el Ruzzante fue un gran actor y autor y uno de los primeros en poseer una compañía absolutamente profesional, hecho insólito en la Italia de la primera mitad del siglo XVI. En la *Piovana* y la *Vaccaria*, obras del Ruzzante, hay imitaciones parciales, pero muy directas, del *Rudens* y de la *Asinaria* de Plauto. En estas obras se nota, como dice Ludovico Zorzi que «el tema no es sino un pretexto para repetir ciertos hallazgos cómicos que la habilidad de Ruzzante y de sus compañeros debía saber constantemente renovar y vivificar. Se ha querido ver en esta disposición un vago indicio de los métodos que, cincuenta años más tarde, serán generales, cuando se afirmará y desarrollará la Commedia dell'Arte. En realidad Ruzzante fue más lejos... (en *"L'Anconitana"*)... las escenas concentran ante todo los efectos sobre los personajes, en los cuales se puede ya claramente discernir, las características de los «tipos fijos» que constituirán el mecanismo propio de las intrigas de la Commedia dell'Arte».

Según Zorzi, encontramos al lado de los cuatro tipos serios –el primer y segundo enamorado, la primera y segunda mujer–, cuatro de los cinco tipos cómicos tradicionales: la cortesana, la criada, el viejo y el Zani. De estos últimos Sier Tomao y Ruzzante anuncian dos de los protopersonajes de la Commedia –Pantalón y Arlequín–. Hasta el Ruzzante, la *Commedia* sólo actuó ante los campesinos, con él se amplió el público y llegó a alcanzar a la nobleza. Angelo Beolco (c.1500-1542) hace de mediador entre las clases dirigentes y los campesinos, protagonistas de sus comedias, pues los públicos gustaban de divertirse con las groserías de los campesinos. Dice el director teatral italiano Gianfranco de Bosio que en la medida en que la historia de Italia «fue la obra de una *élite* aristocrática limitada, y más tarde, de la burguesía –la cual no tomó sino muy tardíamente consciencia de la misión histórica que le incumbía– el mundo campesino considerado en su realidad y a pesar de que constituye la base étnica y la reserva de energías humanas más importante de nuestro país, permaneció durante mucho tiempo ausente e ignorado del teatro, teniendo en cuenta que representa el aspecto artístico más comprometido en la evolución de la sociedad». Surgiendo de ese mundo campesino –la verdadera nación italiana–, de sus estructuras mentales y de su composición, la *Commedia dell'Arte* sabrá imponerse ante los públicos aristocráticos. Pero no hay que olvidar que en su raíz es esencialmente popular, por eso no es de extrañar que se exprese en dialecto. Como dice M.C. Miclacewsky «el teatro literario era demasiado exclusivamente erudito e imitaba los modelos antiguos, pero los espectáculos de los histriones y de los bufones eran demasiado burdos y no reflejaban más que el espíritu y los gustos del pueblo, sin alcanzar a satisfacer las aspiraciones de las clases más cultivadas. Puestos en contacto una con otra, estas dos formas del arte teatral, con sus mútuas reacciones, posibilitaron el nacimiento de una forma nueva, perfectamente viable, y que se desarrolló rápidamente». No tenemos documentación sobre el nacimiento y desarrollo en Italia de esta forma nueva, la *Commedia dell'Arte,* pero sabemos que hacia 1570 empezaba ya a extenderse por Europa. En 1572 encontramos un cuadro que representa a Carlos IX, Margarita de Valois y la nobleza, interpretando papeles de enemorados, entremezclados entre las máscaras de la *Commedia dell'Arte.*

Los cañamazos de la *Commedia* servían como puntos de referencia a la improvisación de los actores. Se escribían en unas hojitas que se colocaban entre bambalinas para que los actores pudieran consultarlas y así recordar las frases claves en que tenían que apoyar su improvisación. A menudo inercalaban trozos escritos previamente y que se sabían de memoria. Solía escribirlos el director de la *troupe.* Cada *troupe* tenía sus temas e intrigas propios, que interpretaban de una manera especial y particular, y se solían especializar en unos u otros temas. Estos temas pasaban de generación en generación, al igual que ciertos trucos escénicos *–lazzis–*, como conseguir saltos complicados, golpes de efecto y ruidos fisiológicos especiales. Eran secretos, como lo son los hallazgos técnicos de los alfareros, aún hoy día, y se transmitían de padres a hijos. Las *troupes* de la *Commedia* tenían una gran homogeneidad familiar, muy parecida a la que aún hoy guardan las compañías de circo: los actores casaban entre ellos y sus hijos quedaban en la Compañía. Según el gran investigador de la *Commedia,* Miclacewsky, hay que distinguir las intrigas de la *Commedia,* o sea el cañamazo o *canovaccio* del tema o guión (*soggeto*). El cañamazo son unos guiones desprovistos de diálogo que contienen la sucesión de las diferentes escenas y situaciones. Miclacewsky lo explica en los siguientes términos: "La palabra *canovaccio* significa una trama neutra y uniforme, en la que se puede bordar todo lo que se quiera, mientras que el guión contiene en potencia una cierta acción escénica, una intriga determinada, aunque muy concentrada, y que encerraba bajo un aspecto esquemático, ricas posibilidades de juego escénico. El actor, pues, no era completamente independiente, pero debía constantemente tener en cuenta las indicaciones colocadas en su ruta y de las que no le era permitido alejarse demasiado". Los temas de la *Commedia* proceden de Plauto, Terencio y un poco de todas partes. Los temas suelen localizarse en el típico escenario de la comedia clásica: la calle habitual o la plaza con dos casas enfrentadas. No suelen haber escenas en el interior de las casas. Utilizando la "fábula doble", o sea la mezcla de dos intrigas amorosas, de la comedia clásica, la complicaba al máximo. Naturalmente no se siguen las reglas aristotélicas. En una colección de argumentos publicados por Bartoli, encontramos las siguientes *intrigas de amor:* Lucinda ama a Valerio, Ubaldo ama a Lucinda; Octavio ama a su hermana, sin saber que lo es; la criada Pasquetta ama al viejo Pandolfo; Colombina, criada también, quiere casarse con otro viejo, Stoppino; Ubaldo quiere conquistar a Pasqueta. Miclacewski ha estudiado gráficamente las intrigas de la *Commedia: La fingida noche de Calafronio;* resumida es así: A, un hombre, ama a B, la mujer, ésta ama a otro hombre, C, quien, a su vez, ama a otra mujer, D, que está enamorada de A, con lo cual se cierra el círculo.

Las colecciones de argumentos de la *Commedia* más importantes son: la de Flaminio Scala (1600-21) con cincuenta guiones (fechada en 1611); la de Basilio Locatelli (1618-22) con ciento tres; la del cardenal-duque de Saboya (1612-42) descubierta en 1885, con cien temas ilustrados; la de la Biblioteca Nacional de Nápoles, con ciento ochenta y tres, en los que Polichinela suele ser el protagonista (1600). Adriani publicó veintidós argumentos en 1734; Bartoli otros veintidós en 1880.

En París, el arlequín Biancolelli (c. 1637-88) publicó ciento sesenta y tres argumentos, en los que él era el protagonista, escritos en primera persona y traducidos al francés por La Guellette.

En Leningrado hay una colección de treinta y un temas traducidos al ruso (1733-35). Otras publicaciones a considerar son: *Théâtre italien* (Teatro italiano) (1713); *Dictionnarie des Théâtres* (1756) e *Histoire de l'Ancien Théâtre italien* (1753). Una de las aportaciones más interesantes para la comprensión del mundo de la *Commedia dell'Arte,* dentro del teatro representado, ha sido la labor de Giovanni Poli con la Compañía del Teatro Universitario de Ca'Foscari (Venecia). Poli dedicó gran parte de su trabajo al estudio del período de la *Commedia dell'Arte.* Una de sus puestas en escena más importante ha sido: *La Commedia degli zanni* (1958). Basándose en textos publicados en *La Commedia dell'Arte,* edición crítica de Vito Pandolfi, Poli montó un espectáculo, en el que aparte de una evocación fantástica, y hecha con criterio arqueológico del mundo de la *Commedia* a partir del auténtico material literario del siglo XVI, muestra el desarrollo de la misma. En este espectáculo queda patente la formación de los tipos fijos de la *Commedia,* también llamadas máscaras. Sobre la formación de las mismas, los eruditos e historiadores del teatro han encontrado diferentes motivos de discusión. Duchartre y Dubrech creen que los tipos fijos de la *Commedia* derivan de las máscaras y personajes estereotipados de la tradición teatral de la baja latinidad, en concreto de las atelanas. Según ellos no se puede explicar, de otra manera, el hecho de que los personajes de la *Commedia* actúen con máscaras. Así se comprende, según Ducharte, "la atractiva semejanza de rasgos y de gestos entre el polichinela pintado en el siglo XVIII, en el famoso cuadro conservado en la Comédie Française y la estatua antigua, llamada Maccus". Por el contrario, Miclacewsky ataca la dependencia de las máscaras de la *Commedia* con respecto a las atelanas, según la teoría que él discute, Zanni es una derivación de las *sanniones* de la Antigüedad. Según él, el fenómeno de la *Commedia* es autónomo y la palabra *zanni* deriva de Giovanni, mal pronunciado por los venecianos que fonetizan una G, parecida a la the inglesa. El solo hecho que abunda en la tesis tradicional es la semejanza exterior que hay entre las máscaras italianas y los mimos romanos (Polichinela, por ejemplo, tiene muchas analogías con las figuritas antiguas de barro cocido que representan a Maccus). Pero no es, en realidad, una prueba suficiente, muy al contrario, este parecido entre dos tipos separados por un intervalo de varios siglos, tiende a probar la ausencia de todo vínculo de parentesco entre ellos, pues el tipo primitivo habría cambiado si hubiera continuado viviendo, y es pues su muerte que nos lo ha conservado tal cual, pues vivir es cambiar. La filiación en línea directa que une los célebres Pierrots de Willete al antiguo Pedrolino italiano, es absolutamente evidente y, sin embargo, ¿qué hay de común entre estos dos tipos?, dice Miclacewski. Silvio d'Amico también ratifica esta teoría. El hecho es que deriven o no los tipos de la *Commedia,* de

## Sobre los actores

Ninguna. Todavía no he enlazado bien mis razones, y me permitiréis que os las vaya exponiendo tal como me ocurran, en el desorden mismo de la obra de vuestro amigo. Si el lector fuese sensible, de buena fe, ¿podría acaso representar dos veces consecutivas un mismo papel con igual calor e igual éxito? Muy ardoroso en la primera representación, estaría agotado y frío como un mármol a la tercera. En cambio, si la primera vez que se presenta en escena, bajo el nombre de Augusto, Cinna, Orosmanes, Agamenón, Mahoma, es imitador atento y reflexivo de la Naturaleza, copista riguroso de sí mismo o de sus estudios y observador continuo de nuestras sensaciones, su arte, lejos de flaquear, se fortificará con las nuevas reflexiones que haya recogido, se exaltará o atemperará, y cada vez quedaréis más satisfecho. Si es él cuando representa, ¿cómo podría dejar de serlo? Si quiere dejar de serlo, ¿cómo podrá comprender el punto justo en que es preciso se coloque y se detenga?

Lo que me confirma en mi idea es la desigualdad de los actores que representan por inspiración. No esperéis en ellos la menos unidad su estilo es alternativamente fuerte y endeble, cálido y frío, vulgar y sublime. Fallarán mañana en el pasaje en el que hoy sobresalieron; y, al contrario, se realzarán en el que fallaron la víspera. En cambio, el actor que represente por reflexión, por estudio de la naturaleza humana, por constante imitación de algún modelo ideal, por imaginación, por memoria, será siempre uno y el mismo en todas las representaciones, siempre igualmente perfecto. Todo ha sido medido, combinado, aprendido, ordenado en su cabeza; no hay en su declamación ni monotonía, ni disonancias. El entusiasmo tiene su desenvolvimiento, sus ímpetus, sus remisiones, su comienzo, su medio, su extremo. Son los mismos acentos, las mismas actitudes, los mismos gestos. Si hay alguna diferencia de una representación a otra, es generalmente en ventaja de la última. No será nunca voltario: es un espejo siempre, dispuesto a mostrar los objetos y a mostrarlos con la misma precisión, la misma fuerza y la misma verdad. Como el poeta, va siempre a buscar el fondo inagotable de la Naturaleza, en lugar de acudir a su propia riqueza, cuyo término no tardaría en ver.

Diderot: *La paradoja del comediante*

los de las farsas pre-plautinas de la Campania, responde a una necesidad y particular manera de ser del pueblo italiano, que crea una simbiosis entre el pueblo bajo y sus cantores e intérpretes y da unas constantes literarias y teatrales más marcadas que los de otros países.

La gran familia de los tipos fijos de la *Commedia,* se dividen en varios grupos: ancianos *(vecchi)*, enamorados, pedantes, criados, aparte de los genéricos como el Mercader, el Médico, el Notario, los esclavos, los ladrones, el Verdugo, el Bravo... En el grupo de los ancianos está Pantalón: el nombre es de origen veneciano, ¿viene la etimologia de San Pantaleón o de Pianta-leone? Era costumbre veneciana erigir un León de San marcos, en las tierras conquistadas por la República de Venecia. Quizá el nombre hace referencia a los pantalones largos con que se viste. La máscara es muy parecida al *senex* de la Comedia latina. Se le llamó «El Magnífico» y «El Bisognosi» (de los necesitados). Para unos es bondadoso y comprensivo, para otros es avaro, malicioso y por natural enemigo de la juventud. Es el prototipo del mercader veneciano enriquecido, que movido por su afán de lucro, dejó el amor a un lado en su juventud y una vez viejo, quiere recuperarlo, pero tendrá que ceder el paso a la juventud –su hijo, un criado, un estudiante– y un poco a la fuerza comprender que ya no es tiempo para que él disfrute del amor, y se consuela reparando los desastres que los jóvenes han hecho. Es el celoso clásico. Tiene antecedentes en el Eudion de Plauto. Otro *senex* de la *Commedia* es el Doctor Graziano o Balanzón (Balanzon puede venir de balle, por las muchas mentiras que dice, o de balanza, símbolo de la justicia). Viste toga doctoral de Bolonia y habla en dialecto de esta región. Es o médico o jurista. Sus precedentes son el Sócrates de *Las nubes* de Aristófanes y el Pedante de la comedia clásica. Aunque viejo, El Capitán es un tipo aparente. Es el *miles gloriosus* de la Antigüedad pero con los rasgos de los españoles, invasores odiados por el pueblo italiano. Tiene varios nombres: «Sangre y fuego», «Cocodrillo», «Escobombardon», «Rodomonte della Papironda», «Spavento della Valle Inferna», «Matamoros», «Fracassa»..., Fanfarrón, mujeriego, escapa ante el más mínimo peligro y es incapaz de enamorar a su idolatrada, hablador por antonomasia utiliza una mezcla de italiano, español, francés y alemana. Tiene una exagerada nariz, largos bigotes y viste capa listada roja y amarilla y gran sombrero. En el grupo de los criados están los *zanni*; los más conocidos de la *Commedia.* Van por parejas y suelen acompañar al grupo de los enamorados. Reemplazan a los criados de la comedia clásica (el nombre deriva de los sanniones o de Zan, Zuan, Gian). Visten de blanco en un principio, y más tarde con rayas de color verde, para recordar una librea. El primer *zanni* o bufón es Brighella, pícaro de procedencia bergamasca. Su nombre deriva de *bringa* (intriga). Recuerda el Epidico de Plauto. Más fortuna que él, haría el necio, el segundo payaso o bufón, Arlequín (Arlecchino), nacido en Bergamo. Recuerda a los antiguos filósofos y al Bucco de la atelana. Su nombre deriva de Harlequin, Herlequin o Hellequin, jefe de diablos en los misterios del siglo XI francés. También puede derivar de Erlenkönig, gnomo escandinavo, de Alichino, diablo dantesco surgido de Hellequin, de Aquiles de Arlay, caballero francés que acogió al histrión italiano Harlayquino y de un diminutivo de harle y herle, pájaro de plumaje multicolor. Arlecchino es sensual, grosero, insolvente, brutal, cruel y sabe dar grandes saltos. Su traje blanco inicial, sin manto, al pasar el tiempo se irá remendando con abigarrados trapos de colores, que irán aumentando y acabará no siendo más que remiendos. Giuseppe Domenico Biancolelli (c. 1637-88), Carlo Goldoni (1707-1793) y Lesaye le civilizaron y le enseñaron a disponer simétricamente en rombos y triángulos los pedazos de colores de su vestido. Es de suponer que él y Brighella, el Bobo y el Pícaro, intercambiaron sus papeles. Un antecedente suyo es el *servus Bernardus* de *La Ve-*

*nexiana* (Anónimo del 1.500). De los *zanni,* sólo Polichinela (Pulcinella), conservará el traje blanco. El nombre deriva de un campesino llamado Puccio d'Aniello, que peleó con unos cómicos y acabó enrolándose en su *troupe,* o de *piccolo pulcino* o *pullicinello* (pollito pequeño). Se le hace descender del Maccus de la atelana, pero también recuerda otros tipos de la misma: Dossennus el jorobado, Bucco el torpe y Papus el comilón. Maccus imitaba el grito de las aves y de los pollos y andaba como los polluelos, por eso se le llamo *Pullus gallinaceus.* Polichinella sueña en no hacer nada y en comer macarrones y cantar de vez en cuando, tiene gran sentido de la adaptación: es torpe, ladrón, alcahute, rufián. Es apaleado y él, cuando puede, apalea a los demás. Es un hombre de gran experiencia. Lleva media máscara, negra con profundas arrugas, cinturón de cuero en un principio; luego (s. XVII) le crecen barba y largos bigotes y se cubre con alto sombrero de fieltro de alas levantadas. En Francia se adapta a los gustos de su público y se convierte en una máscara descarnada y risible: allí es pequeño, burlón y mal intencionado, tiene vientre hinchado y una enorme joroba y lleva pañuelo blanco de listas verdes al cuello, y otro en la cabeza como Pierrot. Más tarde pierde la bufanda y el sombrero, los bigotes y la barba y acaba llevando un cucurucho en la cabeza, calzones rojos y amarillos con listas verdes. El vientre abulta tanto que se convertirá en otra joroba. Cuando vuelve a llevar sombrero, en vez del cucurucho, lo adorna con dos plumas de gallo. Es el Polichinela del Romanticismo francés que tanto enamoraría a los Sand.

Otro criado es Pedrolino, Pieroto o Pierrot. Es saltador y bailarín y se toca con un gran pañuelo, con el que se cubre la cabeza. A veces se confunde con Arlequín y otras con Polichinella. Como tipo se define en Francia, su patria de adopción. Allí viste de blanco, ancha chaqueta, anchos calzones. Toca la guitarra, canta y es soñador. El romanticismo francés verá en él el símbolo de su melancolía y el gran mismo Deburau le hará héroe de sus pantomimas.

Otro criado es Truffaldino, quizás el último personaje surgido dentro de la *Commedia,* en donde es introducido por Carlo Gozzi (1720-1806). La lista de criados se haría interminable. Tabarrino, Torbellino, Naccherino, Tabacchino, etc. Hacen pareja con ellos las criadas: Sineraldina, Pasquetta, Diamantina, Turchetta, Ricciolina, Coralina... De ellas, Colombina es la que haría más fortuna. Habla en toscano como todos ellos. Es ingeniosa, hábil y astuta, pequeña y joven, y la vida le ha enseñado a sacar partido de las situaciones. Suelen ser fiel a su ama, Rosaura, pero también gusta de murmurar de ella. Goldoni da a su máscara carácter y matiz psicológico y la enriquece humanamente. Viste de encarnado con pequeñas cruces azules, y mangas, cofia, cuello, medias y delantal blancos. Se adorna la cofia con una mariposa roja y lleva zapatos negros.

El grupo de los enamorados es el que menos interés posee. No llevan máscara, desempeñaban el papel que nuestros galanes y estrellas cinematográficas interpretan en la actualidad. No suelen estar definidos psicológicamente, se limitan a suspirar y dejarse enredar por sus criados, tan distraídos están por el frenesía de su pasión: Angelica, Ardelia, Aurelia, Lucilla, Lavinia, Flaminia, Fabrizio, Cinzio, Flavio, Lelio. Hablan un toscano literario. De entre todos destaca Isabella, la signora Isabella, que cogió el nombre de Isabel Andreini, una de las más grandes actrices de la *Commedia,* famosa por su talento, belleza y virtud. La identificación de los actores con sus tipos es tal, que a menudo reciben el nombre de su máscara, pero en el caso de la Andreini, pasó al revés. Una de las identificaciones más curiosas entre actor y máscara fue la *Scaramuccia* (Scaramouche) con Tiberio Fiorilli, el «maestro de Molière». Molière dijo en una obra «Le ciel s'est habillé ce soir en Scaramouche» (El cielo se ha vestido de Scaramouche esta noche). Como máscara es una derivación napolitana del Capitán. Viste de negro de pies a cabeza,

como era el uniforme de palacio de los españoles que estaban en Nápoles. Calzas muy ajustadas, casaca larga, cuello de encaje, corta capa y espada afilada. Scaramuccia es un capitán aristócrata, hijo de un noble, que le abandonó y fue educado cerca del rey, quien le mandó a galeras para que se hiciera un hombre duro y valiente. La biografía de Fiorilli (1608-1694) se confunde con la de su máscara. De noble y misteriosa cuna, afirmaba conocer a nobles y príncipes y saltar alternativamente de la riqueza a la miseria. Gozó del favor de Louis XIV. La Reina y Mazarino apadrinaron unos de sus hijos. Pero su vida acabó mal, se enamoró de una joven, con quien casó a los 80 años, que le daría todo tipo de preocupaciones. El Rey corrió en su ayuda, hizo pelar al rape a su mujer y la hizo encerrar en un convento. "Scaramouche vivía al fin solo y perfectamente olvidado de todos aquellos que él hizo reir tanto, en la calle Tiquetone, en París, cuando el miércoles ocho de Diciembre de 1694, la muerte fue a encontrarlo. El no le dió una bofetada con el pie como aún hacía a sus ochenta y tres años", dice una crónica de la época.
Los Cómicos de la *Commedia* se extendieron por Europa. Las principales Compañías fueron Los Celosos, Los Unidos, Los Ardientes, Los Deseosos, Los Fieles, Los Confidentes. Alberto Naseli (Zan Ganassa) (1568-83) y sus cómicos se retratarán con el rey Carlos IX y los nobles y actuarán en España, en el Corral de la Pacheca. Las más importantes fueron los *comici gelosi* (cómicos celosos de agradar). Henri II los había visto en Venecia y los invitó a Francia. Su director era Flaminio Scala, especialista en el papel de enamorado. Le sucedió Francesco Andreini (1548-1624), actor y escritor de talento, marido de Isabella Canali. Actuaron en Florencia, Venecia, Mantua. Henri IV les volvió a llamar pues admiraba a Isabella, que se convirtió en el ídolo de París que la cantó y ensalzó con estas palabras «Yo no creo que Isabel / sea una mujer mortal / es más bien alguno de los Dioses / que se ha dis-

frazado de mujer / para deleitar nuestra alma / por la oreja y los oídos». Su hijo Giambattista Andreini (c. 1578-1654) les sucedió y actuó en París con Tristano Martinelli (c. 1557-1630) y su Compañía. Tristano fue de una osadía y altivez increíbles, se sentó en el trono de Henri IV, dejando de pie al rey, firmaba las cartas a María de Medici como Dominus Arlechinorum, y cuando Luís XII, el rey de los Galli (Galos) le apadrina un hijo, le escribe y le llama compadre Gallo y comadre Gallina a la reina. Otro actor muy famoso fue el ya mencionado Domenico Biancolelli que interpretaba el papel de Arlequín.

*La Commedia* fue superviviendo y en realidad aún vive. Humildes compañías actuan aún hoy día en las pequeñas ciudades italianas e incluso fuera de Italia. Existe una compañía dell'Arte que actúa en Viena. La reforma de Goldoni, que intentó apresar académicamente las máscaras de la *Commedia* que acabaría apresándole a él, quedaría en un alegre canto a la vida, no mataría la *Commedia.* El espíritu de la misma reviviría en Nikolai Nikolaivich Evreinov (1879-1953), Adrià Gual (1872-1943), entre otros y sus personajes, en especial Arlequín, «una de las figuras más mágicas jamás creadas en el mundo del teatro», como dice Thelma Niklaus, sigue viviendo en una u otra encarnación en el teatro del siglo XX. Está en el cine con Charlot y Mark Sennett, en la pantomima-Bip de Marcel Marceau (1923) en los clowns del circo –Grock– y sobretodo en la figura de Marcello Moreti, inolvidable intérprete de *Arlecchino, servitore di due padroni* (Arlequín, criado de dos amos) en la puesta en escena de Giorgio Strehler (1921) –antes le había revivido Max Reinhardt (1873-1943)– y le encontramos también esperando a Godot en la obra de Beckett (1906).

Pulicinella ha continuado teniendo fortuna en Nápoles, donde ha sido interpretado de manera total por Eduardo de Filippo (1900) en su obra *Figlio de Pulcinella (Hijo de Polichinela)* y en su puesta de *Pulecenella cha va truva-*

*no'a furtuna soia pe'Napule (Polichinela que va buscando su fortuna por Nápoles)* de Pasquale Altavilla (1806-1872). Eduardo de Filippo perteneciente a una familia de grandes actores dialectales es, hoy día, el máximo representante del mundo de la *Commedia dell'Arte*. Despreciado o, mejor, olvidado en tiempos del fascismo, su teatro que posee un alto interés costumbrista y documental y especialmente él, en su calidad de gran actor, de gran continuador de la máscara de Polichinela ha sido revalorado a partir de 1945. Hoy día su prestigio es tal que no sólo se ha convertido en el representante máximo del teatro italiano actual, sino en el símbolo de toda una manera de entender el teatro, en el símbolo de la napolitanidad, si se nos permite el neologismo. Trabajó durante mucho tiempo con sus hermanos Titina y Peppino, recogiendo el carácter familiar de las companías de la *Commedia dell-'Arte*. Su interpretación de *Il sindaco del rione Sanitá*, se ha convertido en la más pura expresión de la *Commedia*. Esta obra estrenada en 1962, ha sido posteriormente retomada en varias ocasiones y se ha convertido en su interpretación máxima. De Filippo reune en sí mismo las tres facetas fundamentales del teatro-espectáculo, pues es actor, dramaturgo y director de escena, y concretamente es uno de los mejores actores que conocemos. Algunas de sus obras como *Estos Fantasmas* y *Filomena Marturano* del 46, han dado la vuelta al mundo. De Filippo ha continuado su máscara en el cine, en films que, o bien ha dirigido él mismo, o que ha interpretado a las órdenes de directores tan esencialmente napolitanos como De Sica. Su intervención en un episodio de *L'oro di Napoli* es absolutamente inolvidable. En su film *Napoli milionaria* de 1950 intervino otra de las grandes máscaras del siglo XX, Totó, en la vida real Antonio de Curtis (1898-1967).

Otro representante o continuador de la *Commedia* es Dario Fo, (1926) que reúne, como De Filippo, las tres facetas de actor, director y autor, pero que además es un interesante teórico del teatro político. Su obra clave es *Misterio buffo* (1969) en donde interviene como único actor y en la que representa diferentes personajes sin maquillaje y sin accesorios de ningún tipo. Este espectáculo que utiliza textos dialectales antiguos muy sabiamente reelaborados por Fo, es otra de las cimas más altas del arte del espectáculo del siglo XX.

El arte interpretativo de nuestro siglo ha visto en la *Commedia dell'Arte*, que no significa sino comedia del oficio, una fuente de inspiración para los métodos interpretativos que enseñen el oficio a los actores. Stanislavski utilizó la técnica de improvisación como base fundamental para su método. Constantin Miclacewski intentó en su «Teatro Antiguo» de Moscú, reencontrar los perdidos secretos de la *Commedia*. En Francia, Jacques Copeau (1879-1949), Louis Jouvet (1881-1958) y León Chancerel (1886-1965) trabajaron en colaboración o separadamente para reestructurar una nueva *Commedia* e implantar su espíritu en el teatro del primer cuarto de siglo. Copeau, que en Florencia visitaría la escuela de Gordon Graig (1915): L'Arena Goldoni, aprendería de él la importancia de esta manifestación, y vió en ella el arranque para la renovación del teatro que se proponía. En una carta de Jouvet a Copeau se lee: «Se trata de formar una cofradía de Cómicos (los cuales serían en número de diez), cada uno de ellos, eligiría un personaje fijo, una máscara que se adaptara a su temperamento y a su físico según la vieja tradición, pero modernos, característicos de las diversas tendencias profesionales, clases y oficios de la época». Estando de gira o *tournée* en New York (1917) Jouvet, Dullin y Marcel Millet, interpretaron ante Copeau la farsa *Le Medecin de Martignes*. A su vuelta a París, Chancerel escribió algunos cañamazos para Copeau y sus alumnos, que obtuvieron gran éxito. Pero Copeau no acabó consolidando la experiencia, le faltó tiempo. A la *Commedia* le fueron necesarios siglos para definir personajes. Continuando

*"Gli ultimi carnavali di Venezia" de Giovani Poli, por el teatro all'Avogaria. La riqueza de la Commedia dell'Arte es tal, que ha dado pie a que la Compañía all'Avogaria de Venecia se haya especializado en reencontrar su clima y sus múltiples elementos expresivos.*

esta orientación M. Porter y R. Salvat fundan en Barcelona el «Teatre Viu» (Commedia dell'Arte, 1959), creando personajes modernos fijos (Burócrata, Star, espía, etc.).

Hemos querido aventurar un intento de explicar la historia del arte dramático desde la perspectiva de su vehículo comunicativo fundamental: el actor, y de su expresión esencial. Hoy día la *Commedia dell'Arte* ha servido de base al sociodrama, al psicodrama y, muy especialmente a la creación colectiva, que llevan a cabo algunos de los conjuntos teatrales de Latinoamérica y que constituyen una nueva manera de afrontar el hecho teatral.

En 1976 Guido Davico Bonino, de la Univerdad de Bolonia, en unas inolvidables conferencias dedicadas a «La animación teatral» que tuvieron lugar en el Museo del Teatro de Barcelona, afirmaba que la *Commedia dell'Arte* es un tipo de creación colectiva en la que no existe una figura que emerja por encima de otra. Todos los actores contribuían paralelamente al trabajo teatral y «este dato constituye un elemento indispensable para el teatro actual en el que siempre queremos que la propia compañía haga su dirección y que esta función sea un acto colectivo. Una segunda razón sería que la *Commedia dell'Arte* está fundada sobre elementos de improvisación en los que el texto escrito es menos importante que la mímica o el gesto. El teatro actual intenta abolir el texto escrito para, así, encontrar el valor primario del gesto y de la voz, en una palabra, de la parte física del actor. *La Commedia dell'Arte* ha representado un período de crítica de los valores establecidos en la sociedad: las instituciones, los «roles» sociales, como el burgués avaro, el doctor soberbio o el militar Rodamonte. Siempre hemos necesitado un teatro que represente una crítica de costumbres, que vaya contra los privilegios de todo equipo, culturales y sociales. La *Commedia dell'Arte* lo ha realizado durante dos siglos». Bonino daba como compañías seguidoras de la *Commedia dell'Arte* no sólo a las que ya hemos mencionado sino también a la San Francisco Mime Troupe, el Bread and Puppet, por su utilización de la máscara y algunos de los espectáculos de Ariane Mnouchkine.

La *Commedia dell'Arte* se confunde en el siglo XIX con el sistema de estrellas que surge en el romanticismo francés e italiano. En Italia surgen las grandes compañías nómadas o «compagnia a mattatore». Se entiende por «mattatore» el primer actor, director y empresario que se rodeaba normalmente de comediantes de segunda fila o de muy poca valía profesional, para que él destacara absolutamente. El fenómeno del «mattatore» no está nada alejado de los elementos de carácter erótico que tanta fascinación o atracción ejercen sobre el público. Normalmente estos actores elegían obras que se adaptaran a sus posibilidades, y, a menudo, solían poseer grandes capacidades histriónicas. Cabe mencionar a Adelaida Ristori, Ernesto Rossi, Tommaso Salvini, Giovanni Emmanuel, Ermete Novelli, Ermete Zacconi. En Francia los máximos representantes de esta actitud toman el nombre de *monstres sacrés* y entre ellos cabe destacar Marie Dorval, Frédérick Lemaître, Mme. Doche, Jeanne Bartet, a los que siguieron, a finales de siglo y principios del actual, Gabrielle Réjane, Lucien Guitry, Sarah Bernhardt, De Max, Mounet-Sully, etc. Sarah Bernhardt, por ejemplo, que llegó a adquirir características casi míticas y a generar una literatura especializada en alabarla, se permitió excesos difíciles de aceptar. Después de haber interpretado grandes papeles femenimos, como *La Dama de las Camelias*, de Dumas hijo (1886), o las obras que Victorien Sardou escribió especialmente para ella: *Fedra, Tosca* o *Cleopatra*, se empeño en representar papeles masculinos, y concretamente el personaje de Hamlet y sus epifanías, según ella paralelas, *El Aguilucho* de Edmond Rostand (1868-1918), o *Lorenzaccio* de Alfred de Musset (1810-1857). Este tipo de características especiales de las grandes estrellas del XIX, serán recogidas por el cine que, en las grandes producciones de Hollywood, repetirá los esquemas de los tipos fijos de la *Commedia dell'Arte:* el *cow-boy* bueno, el *cow-boy* malo, la mujer fatal, la ingenua, la secretaria, el padre de clase media, que unirá a la exasperación del carácter mítico de las grandes estrellas, como fue por ejemplo el caso de Greta Gargo (1905) o Marilyn Monroe (1926-1962).

Frente a los excesos del «mattatore», siempre se han levantado las posiciones de grandes actores que han preferido servir los intereses estéticos del arte teatro que los suyos propios. Así, dentro de la *Commedia dell'arte* cabe destacar la tarea de dignificación llevada a cabo por Francesco e Isabella Andreini, Tiberio Fiorelli, Tristano Martinelli y Domenico Biancolelli; en el período de los «mat-

*Retrato de Eleonora Duse. Eleonora Duse está considerada como una de las más grandes actrices de todos los tiempos. La comediante por excelencia, el ejemplo de la anti-diva y de la actriz que sabe entroncarse en la marcha estética renovadora del teatro.*

tatore» habría que destacar a Gustavo Modena (1803-1861) que llegó a supeditar su actividad artística a la acción patriótica y que hizo una reforma del arte interpretativo muy paralela a la que llevaron a cabo los Andreini en la *Commedia dell'Arte*. En 1848 fue nombrado diputado de la Asamblea Constituyente de Florencia. Modena es el gran representante del actor comprometido y no es gratuito que entre sus grandes interpretaciones figure *Kean* de Dumas padre. Otra gran personalidad del mundo de la intepretación es Eleonora Duse (1858-1924) que se convirtió en la primera gran actriz de los tiempos modernos que supo orientar su trabajo en un sentido totalmente diferente del que hiciera Sarah Bernhardt. Hubo siempre una dimensión de intelectual del teatro en toda su labor que le confiere una personalidad definida y única. Una sola actriz se le podía comparar, a nuestro entender, y sería Vera Komisarshevs-Kaya (1864-1910). También la gran actriz rusa tuvo, aunque quizás en menos grado, la preocupación de crear un repertorio y de definir una trayectoria dentro de ese repertorio que fuera coherente y consecuente con unas bases estéticas determinadas. Por otro lado también la Duse podría ser comparada con esa gran mujer del espectáculo, esa gran intuidora de nuevos caminos escénicos que fuera Isadora Ducan (1878-1927). Una de las características de los actores es la de conseguir el éxito al precio que sea. El trabajo del comediante es tan absolutamente efímero y va tan unido a las veleidades y dificultades del *producirse* humano, que sólo le es posible definir su trabajo siempre de cara al presente que le toca vivir. Los otros creadores pueden expresarse pensando en el futuro, cuando el tiempo que les toca vivir no es adecuado para ellos, pero el actor no puede esperar nunca. Cualquier escritor, pintor, músico o escultor, etc., puede pensar que, si en un momento determinado la circunstancia en que vive y en la que se produce no le entiende o no le permite producirse, siempre puede pensar en un futuro más o menos remoto en el que su producto artístico pueda realizarse y valorarse. El actor de teatro tiene que definir su estar ahí como actor en el momento en que vive, en un presente concreto y determinado. De ahí que sea lógico que el comediante busque el inmediato refrendamiento de su labor. De ahí también que para conseguir este éxito difícilmente esté dispuesto a luchar contra corriente y a arriesgarse a defender unos credos estéticos diferentes de los que ya ha aceptado la sociedad en que vive. Por lo general, pues, el actor es un fiel servidor de los gustos y de las cosmovisiones aceptadas o, como mínimo, establecidas. Por eso en alguna ocasión hemos hablado de «intelectual de teatro» en oposición al actor del *star-system*. Por intelectual del teatro entendemos al comediante, director de escena, decorador de escena, etc., que se plantea su trabajo desde una perspectiva historizadora y prescinde de la pura consecución del éxito. Un hombre del espectáculo funciona como intelectual cuando es capaz de arriesgarse a posiciones estéticas, políticas y éticas diferentes de las definidas por la clase dominante. Es un intelectual del teatro también cuando se atreve a investigar nuevos caminos, cuando sabe intuir la marcha futura del mundo del espectáculo. Esto es lo que creemos, supieron hacer Vera Komisarshevskaya, Isadora Ducan y, sobre todo, Eleonora Duse. No es de extrañar que, mientras la actriz rusa invitó a su teatro a Meyerhold y le hizo posible que experimentara, la bailarina inglesa y la comediante italiana pusieron en parte su labor al servicio de aquel visionario que fue Gordon Graig. Contrariamente, Sarah Bernhardt estuvo siempre preocupada por ir aumentando sus éxitos. Mientras las tres creadoreas antes mencionadas intentaban servir al teatro, Sarah Bernhardt se sirvió siempre del teatro.

Algunas pocas actrices en el siglo XX han sabido continuar la posición de la Duse, altamente comprometida con la renovación estética. Maria Casares (1922), por ejemplo, ha estado presente en la mayoría de espectáculos comprometidos y, muy especialmente, en la formación de una de las más importantes compañías del siglo XX, el Teatro Nacional Popular, fundado por Jean Vilar en 1951, y en el que intervino, asimismo, Gérard Philipe (1922-1959), otra de las grandes presencias éticas del siglo XX, que, a parte de llevar a cabo una acción de reivindicación sindical extraordinaria, abandonó proyectos cinematográficos donde percibía altas cantidades económicas, para desarrollar su labor de gran actor de repertorio. En España la máxima seguidora de Eleonora Duse podría ser Margarida Xirgu (1888-1969) que supo implantar y defender autores que el teatro español de los años treinta no estaba aún maduro para aceptar. Gracias a su talento logró imponer el teatro de Federico García Lorca (1898-1936), el de Miguel de Unamumo (1864-1936), Rafael Alberti (1902) y Alejandro Casona (1903-1965). En Italia Valentina Cortese (1924) y en Grecia, Melina Mercouri (1922), han llevado a cabo actuaciones de gran compromiso estético y político. La primera abandonó una carrera cinematográfica internacional para intervenir en los mejores montajes del Piccolo Teatro de Milán, la segunda, que posee una de las más fascinantes presencias escénicas del teatro del siglo XX, ha tomado unas posiciones políticas desde 1967 a 1974 que comprometieron gravemente su carrera; es en la actualidad Ministro de Cultura.

Cabría diferenciar tres fundamentales posiciones del arte interpretativo en el siglo XX: la del puro comediante, que podrían representar Vivien Leigh (1913-1967), Madeleine Renaud (1903) o Helen Hayes (1900), la del actor con características de máscaras, que tipificarían Aldo Fabrizi (1906), Alberto Sordi (1919), pero más especialmente Totó y Anna Magnani (1908-1973); y la línea continuadora del «mattatore» que tendría sus representantes máximos en Victorio Gassman (1922) y Núria Espert (1938). El caso de Anna Magnani podría volver a replantear el tema de la máscara y de la condición de comediante en el sentido francés de la palabra. Viniendo del mundo de revista, pudo haber hecho una carrera en Hollywood pero prefirió asumir la máscara, el carácter de símbolo de todo un estamento social que le prepararía Roberto Rosellini (1906-1977) en *Roma ciudad abierta* y Luccino Visconti (1906-1976) en *Bellísima.* En el cine y en el teatro la Magnani acabó entendiendo que ella era el símbolo de Roma y aceptó esta máscara en detrimento de una carrera más brillante y convencional. Pier Paolo Passolini (1922-1975) y Federico Fellini (1920) le rendirían homenaje en sus películas *Mamma Roma* y *Roma,* y el pueblo de Roma se lanzaría a la calle el día de su entierro, porque Anna Magnani acabó expresando ya no las dificultades por las que había atravesado la mujer de clase media-baja romana durante la ocupación y en la postguerra, sino todas las aspiraciones y desesperanzas de una ciudad y, por extensión de un pueblo. El gran escritor Alberto Moravia la homenajearía con estas palabras «Por otra parte, a su resignación y escéptica participación debía de contribuir la reflexión de que a una actriz como ella, que había debido su éxito al hecho de haber abolido el límite entre la vida y el arte, entre la persona y el personaje, entre la pasión y la expresión, le era imposible hacer esquivas distinciones. Debía aceptar ser, tanto en la pantalla como fuera de la misma, una presencia hecha de impetuosa vitalidad esencial, la cual podía o no concretarse en una forma reconocible. Pero ¿cómo se puede saber cuándo la vitalidad llega a encontrar la forma que le conviene y cuándo, por el contrario, se limita a estallar? A solas con un instinto, Anna Magnani probablemente no estaba del todo segura de haber creado un verdadero personaje; o, en vez de ello, haber quedado a este lado de la interpretación, en la imitación de sí misma. He tratado de iluminar la difícil y oscura relación, en la vida y en el espíritu de Anna Magnani, entre la figura pública y la intérprete. Sin embargo, ahora me gustaría añadir que esta actriz, llegada tan tarde a la madu-

## Sarah Bernhardt

Es un nombre bien conocido y ya querido en Nueva York. Se sabe que grandes damas se apasionan por ella. Es el símbolo de la energía triunfante. Una pobre mujer que se ha abierto tanto paso en el mundo debe ser una gran mujer.

Cada siglo tiene sus estrellas: la patria de Rachel, de la señorita Mars, de Sophie Arnould se ha enriquecido con Sarah Bernhardt, que es sin duda una trágica, pero también lo que vale más: un carácter. No vamos a decir lo que ya se ha dicho: nosotros tenemos nuestras propias impresiones.

Sarah es flexible, fina, esbelta. Cuando no está sacudida por el dominio de la tragédia, su cuerpo está lleno de gracia y abandono; cuando el demonio se apodera de él, está lleno de fuerza y de nobleza. Su cara, aunque femenina, respira una bella fiereza: aunque bien parecida no lleva impresa la belleza, sino la resolución. Ella hará lo que desea: tiene algo del primer Buonaparte; ella finge el desdén, aunque su alma está llena de amistad y franqueza –porque lo cree necesario para ser espetada. ¿De dónde viene? ¡De la pobreza! ¿Adónde va? ¡A la gloria! Se la teme, pero se la quiere, lo que es raro: por esta razón ella es dura, pero buena; –es una mujer altiva, pero al mismo tiempo *un bon garçon*. Háblale de una mujer desgraciada: ella abrirá su bolsa. Dile que en casa de Goupil hay un pequeño cuadro de genio –o muy cerca del Pasaje Joufroy un bello tapiz chino: –Sarah, la del Théâtre Français, no retrocederá ante el precio. Si el tapiz es viejo, si el cuadro es de una mano fuerte, los comprará: aunque muchas veces no sabe con qué los va a pagar: –pero obtendrá dinero honradamente – se pintará otro cuadro en su casa, una marina, una acuarela: hará del amor una estatua, ya que ella no es bastante poderosa para hacerlo de verdad. Cuando extiende el brazo, comanda. Cuando levanta la cabeza algo asiática, con sus ojos oblicuos, su nariz fina, su frente arrogante, sus frágiles labios, –hay que obedecer, hay que admirar.

José Martí: *Teatro*

rez artística y al éxito, tras una larga antesala en el paraespectáculo y en el cine de consumo; esta mujer desadaptada, afectuosa, inculta y neurótica, supo hacer algo que ocurre muy raramente en el mundo casual e improvisado de nuestro cine: interceptar la propia meteórica trayectoria con la órbita misteriosa y controvertida del cometa llamado Historia.»

## *EL MIMO*

El mimo es una forma dramática de carácter popular que surge en la Antigüedad Griega, que suele tener carácter realista y, fundamentalmente, satírico. Tiende a la personificación, a la tipificación de los personajes, y utiliza a menudo la improvisación, la imitación de animales y elementos acrobáticos. Posee formas literarias que aparecen hacia el siglo V a.C. en Siracusa con Sofrón y Epicarmus. El mimo influiría y conformaría la Comedia Griega Antigua. Las compañías de mimo gozaron de gran popularidad, no sólo en Grecia sino también en Roma. La Iglesia excomulgaría estas compañías en el siglo V d.C.

Por mimo se entiende no sólo la forma dramática que no utiliza las palabras, sino también el actor que la desarrolla. El mimo también es conocido con el nombre de pantomima y suele confundirse con todas las formas de teatro popular y muy especialmente con la Commedia dell'Arte, con el Circo y el *Music-hall.* Pero cada vez se tiende más a definir estéticamente el arte del mimo y la pantomima.

Como muy acertadamente afirma Jean-Louis Barrault, se nos educa de una manera muy incompleta. Se nos enseña a escribir, se nos enseña, aunque mucho menos, a hablar, pero no se nos enseña a movernos y a utilizar la complejidad expresiva de nuestro cuerpo. No tenemos noción de lo que puede representar el gesto; por tanto, no podemos apreciar el arte que deriva del gesto: la pantomima, tan vieja como la humanidad misma. Si llegamos a apreciar la danza es porque hacemos una trasposición, pues la danza es al gesto lo que el canto es a la dicción. Esta situación se ve empeorada porque el hombre, hasta el siglo XX, no ha sabido encontrar un elemento que le sirviera para fijar y recordar el lenguaje de expresión corporal. La palabra ha sido fijada y ha permanecido a través de los tiempos gracias a la escritura. La escritura tiene la maravillosa cualidad de poder dar vida de nuevo a palabras que ya nadie emplea. Hoy día gracias al cine y la fotografía, tenemos un instrumento adecuado para conservar la realidad efímera del gesto.

Es un hecho que nosotros no tenemos ningún conocimiento del gesto y que hemos perdido el instinto de ese gesto. Debemos reexaminarlo y pedir para nuestra educación una intensa revalorización de ese gesto. Y de la misma manera que el teatro tiene como misión conservar la lengua hablada, por oposición a la llamada lengua escrita, debemos encargar a este mismo teatro la misión de conservar el gesto. Así pues, si la tragedia conserva la palabra viva, la pantomima y el mimo corporal conservarán el gesto.

La pantomima es para Jean-Louis Barrault el arte del gesto, tomado en el sentido más amplio de la palabra. Es la recreación de la vida por el gesto. Dice Barrault que «gracias a nuestra tenacidad y a esta clase de paciencia revolucionaria que da la fe profunda, el gusto por la pantomima parece volver y ya podemos decir que la revolución colectiva de la pantomima ha llegado y que de aquí a unos años este arte volverá a ocupar su verdadero lugar»

Pantomima y mimo corporal no son sino el arte del gesto. Pero existe una diferencia entre la pantomima antigua y el mimo corporal moderno. Mientras la pantomima antigua es un arte mudo, el mimo es un juego silencioso. La pantomima antigua añadía a la acción propiamente dicha un subrayado, con un exagerado lenguaje de gestos. El mimo moderno es acción en sí mismo, y puede llegar a conseguir y alcanzar la categoría clásica.

Este mimo moderno se puede dividir en subjetivo y objetivo. En el objetivo los objetos son imaginarios, se crea la presencia del objeto mediante la perturbación muscular producida por el cuerpo del mimo, igual que si el objeto existiera en realidad. Por ejemplo, el mimo creará la presencia de un saco pesado encorvando el cuerpo, sudando, arrastrando los pies como si en realidad llevara un saco de piedras en su espalda. Se llega a conseguir esta capacidad de suscitación de objetos mediante una ejercitación durísima y complicada del cuerpo. Especialmente estudiando los problemas del contrapeso. El mimo objetivo emparenta directamente con la pantomima antigua y tradicional.

El mimo subjetivo expresa corporalmente estados de ánimo. Es una actitud metafísica del hombre situado en el espacio. El mimo subjetivo está muy cerca de la actitud ritual característica del actor oriental, tan cercano a la mágica proyección del sacerdote. También está muy cerca de la rígida y estereotipada plástica de la tragedia griega. Uno de sus temas fundamentales es el estudio de la muerte y la angustia del saberse arrojado a un mundo que hay que estructurar y hacer más habitable. El miedo de lo otro es la primera afirmación del mimo objetivo. El hechicero de las tribus primitivas, aún existentes hoy día, está muy cerca del mimo subjetivo. Pretende ser un domador del misterio, un iniciador a los caminos de lo desconocido.

En el mimo subjetivo el gesto acaba siendo poesía. Su gesto no crea, por lo tanto, el objeto, sino un clima de tensión emotiva.

Para comprender el problema de la expresión por el gesto quizá sea conveniente hacer un poco de historia.

Los primeros mimos fueron los Sycionianos. Actuaban sin máscara y se ensuciaban la cara con sebo, al que adherían trozos de corteza y papiros cortados. Los mismos Ithyphalos llevaban máscaras y representaban al hombre como fuerza continuadora de la especie. En Grecia pronto actuaron sin máscara y en Roma sustituyeron la máscara por el sombrero. Introdujo la máscara en Roma un mimo llegado de la Galia, Roscio, que utilizó la máscara para esconder un ligero estrabismo. Entre el sombrero y la máscara ganaría ésta última por influencia griega.

El mimo proviene de la más remota antigüedad. Homero calificó el arte del mismo de irreprochable. Quintiliano dice que este arte nació en los tiempo heroicos. Plutarco lo asocia a las danzas de Apolo. Casiodoro lo identifica con la musa Polimnia.

En tiempo de Esquilo hubo un mimo muy célebre llamado Telestes que se especializó en imitar, mimando hasta el último matiz, *Los siete contra Tebas*.

Platón, Aristóteles, Xenofonte, Herodoto hablaron de él con estusiasmo. Luciano dijo que el origen del mimo se remonta a los tiempos de la creación de todas las cosas. Es tan antiguo como el amor, el más antiguo de los dioses.

Según parece, el hombre primitivo se expresaba con los quejidos de su voz y las contorsiones de su cuerpo, utilizando una síntesis muy próxima a la música. Entendiendo por música la mescolanza mágica de poesía, canto y danza. En su origen, pues, el hombre se expresa totalmente, afirma su estar en el mundo cantando, danzando y hablando al mismo tiempo. Y danza significa en este momento, como dice Platón, la imitación de todos los gestos y de todos los movimientos que el hombre puede hacer.

A medida que el hombre va afianzando su estar en el mundo va aprendiendo a especializar su expresión. Con esta especialización saldrá el mimo. Es un proceso paralelo al que seguirán los géneros literarios. En un principio la epopeya, veáse Homero, englobaba todos los géneros. Con la madurez cultural de pueblo griego aprenderán a independizarse de la epopeya, la poesía, el teatro y la filosofía. Plutarco habla del gesto como de una poesía muda y de la poesía como una danza que habla. Para que el gesto se separe de lo declamado será necesario un accidente.

Hacia el año 514 de Roma, Livio Andrónico, griego de origen, compuso una acción dramática total en la que mezclaba poesía, música y «saltación» o arte de hacer gestos. Livio Andrónico representaba él mismo su acción dramática, hasta que llegó a perder la voz; entonces solicitó permiso para que un joven esclavo recitara el poema mientra él subrayaba con gestos las palabras de la acción. Esta fortuita innovación tuvo tal éxito que desde entonces toda acción dramática se mimaba y se decía utilizando dos actores. De aquí surge la palabra «pantomima», que quiere decir el que lo imita todo o imitador universal.

Después de Livio Andrónico los imitadores de todo actuaron siempre solos y se ayudaban con máscaras y cambios de vestido. Es ya un arte mudo que, utilizando el cuerpo, parafrasea acciones y discursos célebres.

El emperador Augusto vio en los mimos, aquellos hombres de manos sabias que sabían utilizar un lenguaje basado en el silencio y en la elocuencia del gesto, unos posibles unificadores de su imperio. Le preocupaba a Augusto la multiplicidad de lenguas de su imperio y pensó que con los mimos podría crear una especie de lenguaje universal que pudiera servir para establecer lazos de unión entre las diferentes naciones a él subyugadas. Por esto durante su imperio los mimos tuvieron todo tipo de consideración y ayuda. No estaban sometidos al juicio de los magistrados, solían tener cargos sacerdotales. Todos eran muy ricos y sólo el emperador podía disponer de ellos.

Hubo dos mimos famosísimos, Pílades, de Sicilia, y Batilo de Alejandría. Pílades era un mimo trágico y Batilo cómico, y había entre ellos una gran rivalidad. Después de una gran pelea entre ellos, con el consiguiente escándalo ciudadano. Augusto reconvino a Pílades, y éste le dijo: «César, te interesa que el pueblo se divierta con nuestras querellas, así les impides que se fijen en tus acciones».

La pantomima romana continuó hasta muy tarde. En el 546, después del saqueo de Roma, se fue vulgarizando y quedó sólo como expresión, a menudo obscena, del pueblo y sus fiestas.

En el Concilio de Toledo del año 589 se prohibió una de sus manifestaciones: la saltación llamada balimaquía.

En la Edad Media vuelven a surgir los mimos y los histriones, pero no con carácter especializado. Luego los mimos prácticamente se confunden con el fenómeno de la *Commedia dell'Arte*. En el siglo XIX volverán a resurgir y Jean Gaspar Deburau (1796-1846) volverá a implantar la pantomima como una manifestación escénica muda. Deburau se especializó, como ya hemos dicho, en el personaje de Pierrot.

La pantomima dará su canto del cisne con el cine sonoro, en el que, a pesar de todo, algunos actores mantendrán marcadas características pantomímicas en su actuación, como por ejemplo Danny Kaye (1913) y, sobretodo, Jacques Tati (1908), ambos provenientes del mundo de los fantasistas, del cabaret y del *Music-hall*.

La aportación más importante que ha hecho el siglo XX al arte del mimo ha sido la de Etienne Decroux (1898). El ha intentado divorciar el mimo del teatro, creando el mimo estatuario. De su escuela han salido los mimos más famosos de la actualidad, Jean Louis Barrault y Marcel Marceau, que han vulgarizado las teorías de su maestro.

Hoy en día, el mimo corporal, como le llamaba Decroux, se encuentra ante un inmenso campo de posibilidades. Es un arte genuinamente teatral, basado en el atenazante valor y fuerza del silencio. Es un arte válido para expresar ideas abstractas por vía intuitiva y visual. Puede utilizar toda la larga tradición de la pantomima, de la que ha surgido, y también del teatro hablado.

En una ortodoxia rigurosa no debe servirse nunca de la música, aunque a menudo los mimos modernos se sirvan de ella para dar más intensidad a lo expresado. El mimo corporal, repetimos, nace del silencio y sólo fundándose en él, se justifica como arte independiente de las otras artes escénicas; pero es ante todo imagen, imagen proyectada en el espacio y el tiempo por medio de una difícil teoría de ritmos. Es imagen directa en función de otras imágenes que recoge toda la fuerza dialéctica del teatro hablado. Y entendemos la dialéctica en el sentido socrático, como aquella ciencia que pretende introducir al hombre en la verdadera esencia de las cosas mediante graduadas clasificaciones de los conceptos. En la pantomima los conceptos son los símbolos. Símbolos que al unirse y estar unos en función de otros crearán una simbólica como en el Nô y en el Kabuki, que harán más patentes y más desveladas la imágenes. Estas imágenes llamarán la atención del espectador y le obligarán a participar en lo que se le explica en escena. El mimo moderno está a medio camino del cine y del teatro, pero el mimo exige una participación del público más directa y brutal. En el mimo corporal el hombre de la calle se siente subyugado por lo que hay de misterioso en la imagen y quiere ir adivinando la simbología con que se le explica la historia. Participa, por tanto, activamente en la representación. El mimo corporal es un arte de raíz popular y no es de extrañar que los únicos teatros populares que hoy existen en Occidente utilicen el mimo corporal aplicado. El antiguo teatro de la Cité de Villeurbanne, hoy Teatro Nacional Popular, el Piccolo Teatro, el Berliner Ensemble se sirven de él, aunque no han llegado a la madurez conseguida por la Opera Nacional China.

Quizá el mimo corporal podrá jugar en las sociedades futuras, en las que toman cada vez más relieve núcleos lingüísticos reducidos, el papel de lenguaje expresivo internacional, como soñaba Augusto. No es de extrañar, pues, que Ionesco, Beckett y otros autores de vanguardia escriban para el mimo corporal.

Etienne Decroux es, aparte del mimo por excelencia del siglo XX, uno de los mejores maestros de la interpretación pantomímica y del arte de la interpretación en general. A pesar de que los diccionarios y las historias del teatro al uso le olvidan, su nombre es admirado por todos los profesionales del teatro, por su rigurosa capacidad de restructuración estética de la pantomima. Ha dado cursos en las escuelas más importantes de teatro de Europa y América: la del Piccolo Teatro de Milán, el Actor's Studio y el Drammatic Workshop de Nueva York. Su libro *Paroles sur la mime* (1963) es la expresión teórica de su trabajo. Como muy acertadamente ha afirmado Jean Dorcy en el libro *A la recontre de la Mime et des mimes Decroux, Barrault, Marceau* (1958): «El mimo, género nacido en Francia, se propaga en el mundo entero. ¿Se puede prever su futuro? ¿Es suficientemente vigoroso para sobrevivir a aquellos que lo han creado? La inquietud se apodera del observador que se da cuenta de una cierta complacencia y una tendencia a emplear elementos extraños al género. La manera según la cual Marceau, por ejemplo, se sirve de la música en sus obras recientes, es para nosotros una desviación. La música ya no queda en la sombra, va más allá de su papel (ruidos, fondos sonoros); se convierte en un elemento tiránico que acaba encadenando el movimiento. De ahí que el mimo se deslice hacia el terreno del bailarín y, en esta competición, siempre será, en principio, ganado por este último. Para que el género pueda seguir sobreviviendo nos apoyaremos siempre más en la escuela de Etienne Decroux que en los éxitos del realizador Marcel Marceau. Pero incluso si damos acceso al pesimismo, un hecho se ha adquirido: el mimo de los mimos habrá enriquecido la Danza y la Comedia».

## *DIRECTOR*

El director tiene como responsabilidad máxima el conducir la coordinación y dirección general del espectáculo que se entiende como un hecho homogéneo. De todos los componentes de la nómina, su trabajo es el único que no está corporizado sobre el escenario. El actor está siempre ahí. Las palabras del autor también. De igual manera están presentes, parcial o totalmente, los decorados, los figurines, las luces, los elementos técnicos, etc. Pero la presencia del director no es fácilmente detectable. Sucede que el público sencillo suele preguntar, a veces, en que se nota la dirección de un espectáculo. Cuando, por ejemplo, a mí mismo se me ha hecho esta pregunta, no he sabido prácticamente qué contestar. La puesta en escena es algo muy difícil de definir, está en todos y en cada uno de los elementos que intervienen en el escenario, pero se escapa al no iniciado. Es, de hecho, un arte inapreciable, y es mucho más que el arte del actor. Sólo gracias a las filmaciones cinematográficas y a la invención del video, ahora se puede tener acceso y analizar en detalle la inaprehensibilidad de este trabajo. El gran director soviético Gueorgui Tovstonógov, en su libro *La profesión de director de escena* hace todo tipo de consideraciones sobre la *inabastibilidad* de ese arte, y aventura las siguientes consideraciones: «El director tiene que ser un hombre de alto nivel de educación y versátil en extremo. Tiene que conocer mucho sobre música, las bellas artes, el arte teatral, la parte técnica del teatro, e incluso acerca de cuestiones administrativas y organizativas. Puede al mismo tiempo ser incapaz perfectamente de escribir una obra, de dibujar, o de tocar un instrumento musical, y hasta puede que sea un mal actor. De aquí nace la opinión de alguna gente de que no hay nada más fácil que la dirección escénica. Sí; prácticamente cualquier actor puede dirigir una obra. Existen muchos, muchos directores carentes de una preparación académica

*"Ifigenia en Àulide" de Eurípides en la interpretación del Theatron Kessarianis de Kessarianis-Atenas. Gracias a la remodelación que del conocido texto clásico hizo Stavros Doufexis, asistimos a uno de los espectáculos de director más conseguidos y renovadores de los últimos años. El espectáculo se dió en el XII Festival Internacional de Teatro de Sitges, año 1979.*

que trabajan en la dirección escénica, y con frecuencia hemos visto a un director autodidacta en funciones dirigiendo una puesta muy efectiva.

Pues bien, ¿es fácil o es difícil la dirección escénica? La respuesta es: es fácil si se la atiende meramente como una tarea, un oficio; difícil si se la atiende como un arte. Por supuesto aun en el primer caso, hay ciertas cosas que el director tiene que conocer. Tiene que compensar su falta de talento con una energía e impulso ilimitados, si es que no ataja sin reservas su falta de verdadera habilidad asumiendo una pose de confianza ilimitada en sí mismo, y contrapesar con una buena memoria su falta de imaginación. Puede hasta gozar entre los principiantes de la reputación de gran experto. Pero su prestigio pronto se desvanece y sus éxitos son puramente transitorios».

De hecho esta actividad, este quehacer indefinible que es a la vez muy fácil y dificilísimo, ha existido siempre en toda manifestación teatral. La dirección escénica entendida como puesta en escena, ha existido siempre. El *corago* o el *Dominus Gregis* de la Antigüedad, tenían bajo su responsabilidad el que la representación llegara a buen término. Muy a menudo fueron los propios autores quienes se encargaron de esta función, no sólo en la Antigüedad Griega sino también en Roma. Pero la dirección escénica en el moderno sentido de la palabra, nace en el siglo XIX y se acepta normalmente como punto de partida de la puesta en escena en la acepción que hoy la entendemos y con unas coordenadas estéticas muy concretas y determinadas, el día de la inauguración del Théatre Libre de André Antoine (1858-1943) que tuvo lugar el 30 de marzo de 1887. La crítica francesa con el chauvinismo que la caracteriza y, por extensión, prácticamente toda la crítica europea dan esta fecha como la del nacimiento de la era del director. Nosotros nos orientaríamos más a creer que la puesta en escena, en el sentido actual de la palabra, surge gracias a la Compañía Meininger que fundo Georg II, Duque de Saxe-Meiningen (1826-1914) y su esposa morganática Ellen Franz (1839-1923), y que tuvo como director de escena a Ludwig Chronegk (1837-1891) que ayudó al control y disciplina de la Compañía y a que se cumplieran los deseos e intenciones del Duque que, a menudo, dirigía él mismo las obras, dibujaba los figurines y el decorado. La Compañía estable Meiningen se fundó en 1870 y puso en marcha unos criterios artísticos nuevos sobretodo en el nivel de organización de la compañía, que aún hoy día nos sorprenden. Los espectáculos de este grupo intentaban un naturalismo escrupuloso tendían a la reconstrucción arqueológica de las obras que montaban. En ocasión de poner *Julio César* de Shakespeare los responsables de la Compañía fueron a Roma a estudiar ambientación. La Compañía duró de 1870 a 1890 e hizo largas *tournées* por Europa. Stanislavski quedó muy influido por los presupuestos estéticos del Duque de Saxe-Meiningen. El Duque recogió los métodos de Charles Kean (1811-1868), hijo del famosísimo Edmund Kean (1787-1833) y continuador de los afanes veristas interpretativos de su padre, que replanteó *El Mercader de Venecia* desde una perspectiva realista muy alejada de la convención tradicional. Los Kean fueron actores que actuaron, de hecho, a la vez como directores y que lucharon, como también lo haría François-Joseph Talma (1763-1826) que tuvo la valentía de substituir los vestidos convencionales con que se representaban las obras de ambiente clásico por figurines fieles a la historia, por crear una imagen más veraz y acorde con lo que era una visión realista de la obra representada. Talma tampoco se limitó a ser simplemente actor, fue al mismo tiempo director, aceptado o no, pero de hecho responsable último del espectáculo. Cuando Talma, al interpretar *Brutus,* se presentó con los brazos y las piernas desnudos a la manera de las pinturas murales descubiertas en Pompeya y Herculano, mientras los otros actores seguían vistiendo miriñaque, empezaba la revolución de la puesta en escena. escena.

Es muy curioso señalar que el arte de la dirección escénica va unido al naturalismo. Antoine entra en polémica con la manera convencional del teatro burgués imperante en París donde los actores se permitían todos los excesos y donde privaban los dramones pseudohistóricos y lacrimógenos, de Eugène Scribe (1791-1861) y Eugène Labiche (1815-1888), con su teatro de pura diversión, enmascarador de la realidad circundante. Antoine pretende una verdad humana que surge de la voluntad sociológico-mecaniscista del naturalismo. La teoría del «Milieu» y el determinismo zoliano le influyeron absolutamente. De hecho él es un director que se pone al servicio de los presupuestos estéticos, éticos y, en parte, políticos, del naturalismo preconizado por Zola que podría ser resumido como muy acertadamente ha hecho John Howard Lawson en su *Teoría y Técnica de la Dramaturgia* (1936) en los siguientes términos: «1. Conciencia de la desigualdad social. 2. Utilización de un medio monótono, presentado sin hacer concesiones. 3. Utilización de agudos contrastes entre la monotonía de las vidas convencionales y escenas de repentina violencia física. 4. Marcada influencia de las ideas científicas del momento. 5. Enfasis puesto sobre emociones ciegas y no sobre la voluntad consciente. 6. Concentración en el sexo al que prácticamente se considera como la única expresión «objetiva» de la emoción. 7. Concepción del sexo como una evasión de las restricciones burguesas. 8. Fatalismo: el resultado está fijado de antemano y no hay posibilidades de salvación».

Como muy acertadamente ha señalado Bernard Dort en su pequeño ensayo *Teatro y Sociología*, toda reflexión sobre el teatro contemporáneo nos enfrenta al acontecimiento que fundó literalmente este teatro, «la diferenciación de la puesta en escena en tanto técnica, en tanto arte autónomo y la aparición del director como único realizador del espectáculo» y añade que conviene interrogarse sobre este acontecimiento, sobre la brusca mutación que se produjo en la actividad teatral y en la que se introdujo «una especie de nueva dimensión: la del arte escénico diferente del arte dramático, aunque permanezca estrechamente ligado a él». El término de puesta en escena en Francia aparece hacia 1820. Hasta entonces poner en escena significaba adaptar un texto literario, pero, de hecho, esta expresión no se impone hasta después de 1860. Jules Janin, por ejemplo, habló de ella como de un barbarismo, pero afirmó que había que aceptarla.

En la primera mitad del siglo XIX el espectáculo está dominado por la tiranía del escenógrafo, como veremos más adelante; a partir de 1860 se empieza a intuir el cambio de tiranía, a partir de Antoine el término , caro a Stanislavski, «director tirano» ya es un hecho.

El director pretende que todos los elementos que conforman el espectáculo se supediten absolutamente a sus intereses. Antoine lleva a las últimas consecuencias una de las intuiciones que Carlo Goldoni había tenido. Si el escenario es una caja, ¿por qué tenemos que considerar que sólo tiene tres paredes? Toda caja, toda habitación tiene cuatro, si arrancamos una de ellas, esto no significa que se deba perder la sensación psicológica de esa caja. Girolamo Medebach (1706-1790) fue el mejor «cappocomico» de la mejor compañía del XVIII italiano y tenía en exclusiva las obras de Goldoni. Uno y otro quisieron luchar contra los convencionalismos de las máscaras de la *Comedia dell'Arte* y, sobretodo, contra la tendencia que los cómicos tenían de hablar siempre de cara al público y no mirar nunca a su interlocutor. Entre las grandes aportaciones de Antoine, la más decisiva fue la de la «cuarta pared». Zola quería un teatro de la verdad. Según él «la acción no consiste en alguna historia inventada para la ocasión, sino en las luchas internas de los personajes; aquí no hay una lógica de hechos, sino de sensaciones y sentimientos». Cuando habla de *Thérèse Raquin* dice que sitúa la obra en un cuarto oscuro y húmedo para no perder la tensión y el sentimiento de la derrota inminente. Ese cuarto deseado por Zola fue hecho realidad escénica por Antoine. De ahí la teoría de la cuarta pared. Los actores en el escenario deben actuar como si el espacio abierto que deja el telón alzado, fuera otra pared. Por tanto se debe considerar que ese muro no existe y los actores deambularán por el espacio escénico como en una habitación rectangular cualquiera y se colocarán de espaldas o de perfil al público las veces que convenga. El espectador se convertirá en un *voyeur.* Antoine que aportó grandes elementos de renovación al teatro, cometió, como suele pasar con todos los pioneros, grandes excesos. Obligó a comer a los actores alimentos reales, caldos humeantes y calientes, colocó reses deshollladas en el escenario, pretendió repetir la vida. Antoine quizá olvidó que la esencia del teatro es aprehender el acto del hombre, no repetirlo miméticamente, fotográficamente. Los animales deshollados olían mal, los actores al tener que comer y beber de verdad hablaban con dificultad o tenían que beber grandes cantidades de agua, toda una serie de inconvenientes que han pasado a nutrir el divertido anecdotario del arte del actor, a veces con características ridiculizadoras, pero nadie puede negar al creador francés la genialidad de sus intuiciones, y, sobretodo, el hecho de que supo ser coherente con una estética determinada. En Antoine el arte de la dirección escénica se dobla y adquiere categoría de intelectual. Antoine actúa como un creador que hace historia y que se compromete con ella de manera parecida como lo hizo Zola a través de su novela y de su teatro. De ahí la coherencia de su repertorio. Como dijo en una ocasión Paolo Grassi (1919-1979), un teatro se caracteriza no sólo por las obras que monta sino por las que se niega a montar. La coherencia estética y política de un conjunto se define a través de sus selecciones de textos. Antoine representa por primera vez en Francia a Giovani Verga (1840-1922), Henrik Ibsen (1828-1906), Ivan Turgueniev (1818-1883), August Strindberg (1849-1912) y Lew N. Tolstoi (1828-1910). Al mismo tiempo dió a conocer las obras de Emile Zola (1840-1902), los hermanos Goncourt, Edmond (1822-1896) y Jules (1830-1870), Henri Becque (1837-1899) y Alphonse Daudet (1840-1897). Otra de las grandes aportaciones de Antoine fue la creación de unas compañías de conjunto sin primeros actores y en donde los papeles importantes se distribuían de acuerdo con las posibilidades de los comediantes que tenía. Frente a la compañía burguesa tradicional con el estatus fijo de primer actor, primera actriz, actor de carácter, actriz de carácter, primer galán, primera dama, etc., surge la idea del conjunto. Cada actor puede interpretar los primeros papeles y en la obra siguiente asignársele un rol pequeño. Cabe recordar que Antoine hizo su revolución a partir de un grupo de aficionados que existía en la Compañía del Gas. El entendió muy bien que frente al dominio exclusivo que la burguesía tenía de los teatros del centro de París había de luchar desde la periferia y desde el entusiasmo de las compañías no profesionales. El Teatro Libre, como se ha dicho, fue una máquina de guerra que se lanzó a la conquista de París y acabó conquistando todo el teatro de vocación antiburguesa. De la compañía de aficionados nacería el Théâtre Antoine. Intentó la aventura de los teatros oficiales y llegó a ser codirector del Odeón que abandonó pronto para dedicarse al teatro que llevaba su nombre. Más tarde se dedicó al cine y los historiadores de este lenguaje lo consideran uno de los grandes antecedentes del cine de Dtziga Vertov (1896-1954) y del llamado «ciné-a-verité». La investigación sobre el naturalismo derivaría hacia el impresionismo. Si bien el naturalismo no encontró en Francia un autor de gran categoría que sirviera para expresar todas las posibilidades del ismo, el impresionismo hallaría en Rusia uno de los mejores autores del teatro de los dos últimos siglos: Anton Chejov (1860-1904) y un gran director de escena, Stanislavski, que tuvo la suerte de contar con un colaborador de excepción en Vladimir Nemirovich-Danchenko (1859-1943), que crearon el Teatro de Arte de Moscú en 1898 y que llevaba además el calificativo de «accesible a todos». La trayectoria estética de Stanislavski fue larga y ejemplar. Se preocupó por investigar sobre el realismo pero fue uno de los primeros en intuir las trampas que llevaba implícito. En su primer decenio el Teatro de Arte pretendió ser exclusivamente naturalista y sus puestas en escena de las obras de Chejov y de Gorki fueron ejemplares. Antoine había intuido la valoración de uno de los elementos claves de la moderna puesta en escena, «la atmósfera», ese clima especial hecho de ritmo y de luz y de empastamiento de todos los elementos del espectáculo. Las luces que nabían empezado a tener una gran importancia en los últimos años de creador de Antoine, cobró en Stanislavski toda su capacidad expresiva. Con los textos de Gorki y, sobretodo, con los de Chejov, consiguió materializar en la escena una «verdad» que se interiorizaba en todos los elementos de la representación y especialmente en la actuación de los actores. Interiorización buscada de manera obsesiva y que conseguía efectos sorprendentes por el espesor psicológico del trabajo interpretativo. Se llevó a las últimas consecuencias la teoría de la cuarta pared, se cuidaron amorosamente, hasta el detalle más inimaginable, los figurines. En su obsesión de verdad, Stanislavski intuyó que debía encontrar un estilo interpretativo, es más, que debía replantearse todo el arte del actor desde sus más hondas raíces psicológicas y morales, de ahí surgirían algunos libros fundamentales como *Un actor se prepara* (1926), *Construyendo un personaje, Stanislavsky ensaya Otelo,* etc. De todas formas no hay que olvidar que el opus stanislavskiano no empieza a editarse en su totalidad hasta el año del centenario de su nacimiento, por tanto estos textos que todo el mundo ha tomado como fundamentales, están muy lejos de ser realmente definidores del último pensamiento stanislavskiano. A nuestro entender quién mejor ha penetrado en la verdadera importancia de la aportación de Stanislavski es Tovstonógov quien afirma que lo que él llama el método del análisis activo es el mejor método de trabajo con el actor y la coronación de las búsquedas de toda la vida de Stanislavski en la esfera de la metodología. Y añade: «De preguntárseme qué considero como esencia del método del análisis activo, diría que es el método que hace en última instancia posible reproducir la extremadamente intrincada «vida del espíritu humano» a través de la más simple de las secuencias de acciones físicas, en forma tal que, lejos de ser una simplificación, transmita plenamente el concepto vasto, profundo, omnicomprensivo de lo que es el hombre.

Stanislavski llegó a esta sencilla conclusión sólo después de una larga e intensa búsqueda. Su teoría de la actuación estaba íntimamente relacionada con la vida desde sus comienzos, y fue desarrollada, profundizada y alterada en interdependencia directa con la práctica. Un conocimiento superficial de la teoría de Stanislavski puede dar lugar a la impresión de que el sistema, en su forma original, fue impugnado por muchas de las cosas que Stanislavski dijo poco antes de morir. El hecho cierto es que la evolución de los criterios de Stanislavski confirma simplemente lo consistente que fue».

Del primer momento naturalista Stanislavski fue derivando hacia un concepto de «verdad» cada vez más interiorizada, hacia un realismo poético, hacia una captación de la realidad que rehuía, de manera progresiva, las tentaciones de la fotografía. El creía que el pensamiento era el factor primordial del proceso creador. Le obsesionó, en la primera etapa de sus búsquedas, lo que se convino en llamar el «subtexto», y que luego se concretaría en la utilización del monólogo interior donde los elementos humanos del personaje debían revelarse a través del intelecto. Es verdad que el actor stanislavskiano tiene que «vivir» su papel, pero también tiene que «representarlo», esta segunda parte es la más importante, no hay que olvidarlo. Normalmente los seguidores de Stanislavski se han detenido en la primera fase de su investigacón, en el «vivir» más que en el «representar». Por ejemplo, los seguidores norteamericanos del método y, muy concretamente, Lee Strasberg (1901-1982), tendió a valorar más el aspecto vivencial que el intelectual. Se han cometido tantos errores en relación a la interpretación del método que urge un estudio a fondo del mismo, en la línea iniciada por el ya mencionado Tovstonógov, quien afirma: «Desde el comienzo mismo Stanislavski desechó la emoción, los sentimientos, como los causantes de los estímulos que animan la vida del papel. Esta regla se mantuvo intacta de principio a fin. Se contempla la emoción como algo puramente derivado, y el actor que confía en el subconsciente para la creación de su papel, acabará inevitablemente empleando clichés ya gastados. Durante largo tiempo pareció como si todo el secreto consistiera en confiar al pensamiento la evocación consciente, deliberada, de las emociones necesarias. Esto es básicamente cierto en lo que se refiere a las prioridades, y la ley «de lo consciente a lo subconsciente» conserva hasta el día de hoy su validez. Con todo, se traslucía que éste no constituía el único secreto, y que el problema era en verdad más complicado de lo que había parecido. El próximo paso de la búsqueda creadora de Stanislavski concernía al factor volitivo, a la «voluntad», que produce las emociones necesarias y lleva a los resultados correctos. Por largo tiempo esta tesis fue la premisa básica del sistema. A este período corresponden los conceptos de objetivo, acción total, y todo cuando mantiene hasta hoy validez.

Por tanto no hay que ver a Stanislavski como un preconizador del libre juego de la intuición y de la inspiración sino como el método de actuación más realista y más reflexivo que existe basado en la fusión de lo físico y de lo psíquico. Pero siempre con un dominio de los elementos intelectuales sobre estos dos aspectos que se observan en la vida.

Stanislavski intentó directa o indirectamente experimentar en el mundo del teatro simbólico, precisamente en la corriente de puesta en escena que se oponía de base a la actitud objetiva en sus tres epifanías fundamentales: realismo, naturalismo, impresionismo, y que en Rusia se convertirían en el estilo oficial a partir de la Revolución Rusa, bajo el nombre de realismo socialita.

Así Stanislavski invitó a su teatro a Gordon Craig, dió pie a que Vsevolod Meyerhold (1874-1942) iniciara su revolución mecanicista y él mismo puso en escena una obra tan radicalmente antinaturalista como *El pájaro de fuego,* de Maurice Maeterlinck (1862-1948).

No quisiéramos olvidar, antes de seguir adelante, la gran tradición realista de la literatura rusa del XIX y en parte de su teatro. El binomio que Stanislavski estableció con Chejov, Antoine con Zola, el gran actor Michail Semenovich Stchepkin (1788-1863) lo estableció directa o indirectamente con Nikolai Gogol (1809-1852), el creador del teatro específicamente ruso, con *El inspector general* (1836). Stchepkin fue un siervo como la mayoría de los actores rusos. Los príncipes y los duques que miraban siempre hacia Europa quisieron tener compañías propias y reclutaban entre sus siervos a los actores. Así surgieron unas compañías que solían actuar, a golpe de látigo, en donde los grandes señores feudales de la primera mitad del siglo XIX encontraban refugio para sus sueños eróticos y para sus incipientes intereses estéticos. Como explica Stchepkin "se creía que el arte de los actores era excelente cuando ninguno de ellos hablaba con su voz natural cuando se pronunciaban todas las palabras con una voz muy fuerte y cuando cada una de ellas se decía casi siempre acompañada de un gesto. Las palabras «amor», «ocasión», «traición», se gritaban tan fuerte como era posible. Y cuando, por ejemplo, el actor acababa un largo monólogo antes de abandonar la escena debía levantar el brazo derecho y después de esto desaparecer». Stchepkine reaccionó con fuerza contra todas estas extravagancias y se propuso renovar totalmente el arte de la actuación. En 1823, gracias a la ayuda de un famoso historiador, pudo conseguir su libertad y actuó en el Teatro Imperial de Moscú. Su obsesión fue siempre conseguir la verdad en la actuación. En este sentido fue un precursor del gran Antoine. Por desgracia sus intuiciones y aportaciones no salieron de Rusia dada la incomunicabilidad de este país en la época en que le tocó vivir al actor. Stchepkine se ganó el respeto y la admiración de Alejandro Pushkin (1799-1837) y de Mikhail Lermontov (1814-1841).

El realismo socialista que en los planteamientos de

Anatoli Vasílievich Lunacharski (1875-1933), el gran teórico del arte, hubiera podido conseguir unos resultados de gran categoría, fue caricaturizado y convertido en fórmula creadora en el período de Stalin. De todas formas los adelantos de la actitud objetivista habían ido creando una tradición en la que fueron apoyándose una serie de escritores y directores de escena. Cuando la URSS, a partir de 1922, empezó a impedir la verdadera investigación en el campo artístico y Moscú dejó de ser la gran capital de la vanguardia europea, el Berlín de la entreguerra recogería la antorcha abandonada por la capital soviética y conseguiría un cine y un teatro de primerísimo orden. Concretamente el teatro berlinés recogería la vanguardia de la actitud objetivista en la gran personalidad de Erwin Piscator (1893-1966), el máximo representante del teatro político del siglo XX, uno de los directores más originales y asimismo uno de los creadores de la puesta en escena contemporánea. Sucede que la gran personalidad de Bertolt Brecht (1898-1956) ha difuminado un poco la verdadera aportación de Piscator. De todas formas hoy se tiende a revalorizarlo y a replantear la genialidad de sus presupuestos e intuiciones en relación al teatro de la Nueva Objetividad. En 1978 circuló por algunos países europeos una espléndida exposición que ayudó a revalorar la figura del autor de *El teatro político* (1929). Podríamos señalar cuatro etapas fundamentales en la producción de este gran artista, la de 1914-1931, la más apasionante, la que va ligada al gran Berlín convertido en la capital de Europa, la época del teatro político, del teatro de agitación, del teatro que intentaba todo tipo de experimentación; la de 1940-51, que corresponde al exilio americano, y a la creación de la gran escuela *The Dramatic Workshop;* la de 1952-61, en la que se vió obligado a contratarse en los teatros que se le permitían, ya de regreso a Alemania; y la de 1962-66, en que pudo trabajar al frente de la *Freie Volksbühne* un espacio desde el que promovió la gran corriente del Teatro Movimiento, que

*"La ópera de tres reales" (Die Dreigroschenoper) de Bertolt Brecht en versión de Erich Engel, Berliner Ensemble, 1962 (?). Marca la transición del teatro ilusionista al realismo épico, del teatro aristotélico al teatro de la nueva objetividad. Estrenada el año 1928, la obra fué revisada en 1962 obteniendo un gran éxito.*

hizo recuperar al teatro alemán la hegemonía que había tenido durante el período del 18 al 33. En esta última época estrenó *El Vicario* de Rolf Hochhut (1931), obra en la que se atrevió a plantear el silencio del Papa Pio XII en relación con el genocidio de los judíos en la segunda guerra mundial. En este último período dio a conocer así mismo obras de Heinar Kipphardt (1922), Peter Weiss (1916), Hans Hellmut Kirst (1914), Herbert Asmodi (1923), etc.

Piscator siempre negó el momento sentimental y sus puestas en escena de la primera y cuarta época fueron un intento de destruir las esencias del arte burgués. Para conseguir sus propósitos renovó totalmente la narrativa teatral: introdujo el cine en el teatro, las multiproyecciones, los suelos transparentes para que el personaje quedara iluminado desde abajo. Usó continuamente el escenario giratorio, las cintas rodantes, todos aquellos elementos que pudieran recrear sobre el escenario el movimiento del paso del tiempo. El sabía que la transformación de la sociedad requería un arte transformado, un arte que no podía interesarse ya más por mostrar casos particulares, sino que había que enseñar sobre el escenario el drama de toda una época, intentando poner en evidencia las contradicciones de la misma. El teatro para Piscator debía ser siempre dialéctico.

Piscator visitó Barcelona en plena guerra civil, y aquí en pleno período revolucionario se encontró con un teatro que no estaba a la altura de las circunstancias históricas por las que el país atravesaba. En su visita declaró: «Mi idea fundamental es que la cultura y el arte no pueden quedar inactivos en un momento histórico tan importante como aquel en el cual entró Cataluña y España después de la revolución desencadenada por los hechos del 19 de julio. El arte teatral, sobretodo, es un arma; deberíamos lanzar carteles en la calle con el texto: «se puede disparar con cultura y arte, al igual que se hace con los cañones». Deploro que a pesar de algunos esfuerzos de gran mérito, los teatros de Barcelona no se hayan colocado aún a la altura de la situación, poniéndose completamente, francamente y con entusiasmo, al servicio del hundimiento del fascismo».

Piscator podría ser uno de los pioneros de la puesta en escena entendida como autoría total. Respetando bastante los textos de que partía, Piscator lograba imponer a los mismos su visión del mundo. Es uno de los ejemplos más claros en el mundo del teatro del director-autor. Los principios básicos de su trabajo, fueron la reelaboración de los textos en sentido marxista y la adaptación de grandes obras de la novelística europea, como por ejemplo, *Las aventuras del buen soldado* Schewjk, (1928), que adaptó de la novela de Hasek con Bertolt Brecht, el caricaturista Georg Grosz (1893-1959) y el actor Max Pallenberg (1877-1934), y *Guerra y Paz*, en colaboración con Alfred Neumann y Guntram Prufer.

En la relación Piscator-Brecht sucede algo parecido a lo que ha ocurrido en nuestro país con Lorca y Valle Inclán. Lorca, aparte de su terrible muerte, tuvo la suerte de ser adoptado como bandera estética y política de importantes grupos de presión y poder que promocionaron su teatro a escala universal de manera extraordinaria. El exilio republicano se identificó en parte con la gran aportación lorquiana. El éxito de Lorca llegó a oscurecer por completo la gran aportación teatral de Valle Inclán, aportación que se ha tenido que defender casi por sí sola y es justo ahora cuando se empieza a valorar internacionalmente a Valle Inclán. Con Brecht y Piscator ocurrió algo parecido. Los caminos del exilio llevaron a ambos a Norteamérica y los rigores inquisitoriales del maccarthysmo les obligaron a regresar a Europa. Pero mientras Brecht eligió la R.D.A., Piscator prefirió un trato tristísimo e injusto por parte de la administración de la R.F.A. Brecht tuvo inmediatamente un teatro a su disposición y pudo producir sus espectáculos sin ningún problema económico, prácticamente trabajó con «cheques en blanco». Piscator, por el contrario tuvo todo tipo de problemas ideológicos y sobretodo de orden económico. Es más, desde que regresó a Alemania en 1951, hasta 1962 en que se le nombró sobreintendente de la Freie Voksbünne de Berlín occidental, tuvo que trabajar como director invitado en aquellas ciudades de ayuntamientos más liberales o que pertenecen a los «Länders» de mayoría S.P.D. Así, por ejemplo, trabajó en Marburgo, Hamburgo, Giessen, Frankfurt, Mannheim, Berlín, Essen, etc. En esta época fue, como me dijo con gran amargura, «un viajante del teatro». Recuerdo que me quedé tan sorprendido cuando me lo dijo que notó algo extraño y pensó que no había entendido la palabra alemana. Entonces me aclaró: «¿Conoce usted *La muerte de un viajante* de Miller? pues eso soy yo, pero en el teatro». Me habló de lo duro que era no poseer teatro propio ni compañía estable con la cual llevar a cabo un trabajo en profundidad, como había podido hacer en 1919, cuando tuvo la suerte de poder trabajar en teatros propios como el «Das Tribunal» en Königsberg, el «Proletarisches Theater», el «Central-Theater» o el «Piscator-Bühnen» de Berlín o incluso cuando trabajó contratado por la Asociación Volsbühne de Berlín. En aquella época contó con un equipo extraordinario de actores entre los que cabe destacar a Sybille Binder, Tilla Durieux, Helene Weigel, Victor Blum, Ernst Busch, Enst Deutsch, Gustav Fröhlich, Fritz Genschow, Paul Graetz, Erwin Kalser, Fritz Kortner, Max Pallenberg, Leonard Steckel, Hermann Vallentin. Como es sabido, parte de estos actores pasaron luego a trabajar con Brecht.

Bertolt Brecht quiso revolucionar toda la visión del teatro, los fundamentos estéticos del arte dramático surgido a partir de las teorías de la Nueva Objetividad. Brecht quiso cambiar, y en cierto aspecto lo logró, toda la visión del teatro tradicional y de la puesta en escena al uso, y puso los fundamentos de lo que él llamaría el teatro épico, que se opondría al teatro de corte aristotélico, a la ópera wagneriana y a la pieza bien hecha de la burguesía. En la forma épica del teatro el elemento fundamental es la narración, mientras que en la forma dramática al uso el elemento decisivo es una acción arquitecturizada. Todo se explica según la norma de la exposición, nudo y desenlace. En la puesta en escena del teatro épico, el espectador se convierte en un observador crítico de lo que se le explica en escena, se le coloca enfrente de la acción narrada en el escenario. El espectador tiene que estudiar lo que allí sucede y tomar una decisión personal frente a lo que el espectáculo le muestra o enseña. No se quiere que el espectador se identifique con lo que se le explica. En el teatro tradicional, en la puesta en escena al uso, se intenta poner en marcha la mecánica de los sentimientos del espectador, emocionarle, darle miedo, hacerle reir. Nada de todo esto se busca en el teatro épico. El espectador sólo debe juzgar los hechos que se le exponen a través del escenario. El espectáculo épico se dirige a la razón del espectador no al corazón, y parte del convencimiento de que el hombre medio es cambiante y cambiable, que se transforma y que, a la vez, es capaz de transformar a la sociedad. Los espectáculos del teatro épico son fundamentalmente didácticos y exigen un tipo de interpretación totalmente diferente. El actor debe ser muy lúcido y debe demostrar que conserva a lo largo de toda la representación la cabeza fría, el absoluto control de sus mecanismos expresivos. Nunca debe identificarse con el papel que interpreta sino que debe actuar mostrando las características del personaje, reflexionado críticamente sobre el papel que le ha sido asignado. Este tipo de interpretación se concreta en una serie de técnicas que se ha convenido en traducir, no acertadamente, como efecto de distanciación (*Verfremdungseffekt*) que más adecuadamente habría que llamar efecto de alienación o de extrañamiento.

Hay que hacer entender al espectador según el efecto de extrañamiento que aquello que él acepta como normal pueda parecer extraño y sorprendente y viceversa. Una de las piezas claves de la puesta en escena brechtiana son las discusiones colectivas sobre los valores y significados recuperables de un texto determinado. Brecht obligaba a sus actores a cambiar, a menudo, de personajes y en su puesta en escena jugaba un gran papel el «gestus» que en su estética significaba comportamiento social realizado de manera analítica y a base de aportes sucesivos que deben sintetizarse en la interpretación de un personaje. El espectáculo consiste en una propuesta a unos espectadores que implica una serie de gestos sociales de los actores con el fin de que los espectadores mismos saquen las conclusiones, cada cual, por separado. Con la fundación el año 1949 de la Compañía *Berliner Ensemble,* la teoría de la puesta en escena brechtiana, tuvo la posibilidad de encontrar una especie de sitio de investigación de los procedimientos narrativos del teatro épico, que, posteriormente, derivaría en una especie de academia un tanto anquilosada como es en la actualidad.

El sentido de la puesta en escena brechtiano marca época y no sólo influye en sus alumnos directos Benno Besson (1922), Manfred Wekwerth (1929), Egon Monk (1927), Peter Palitzsch (1918), Konrad Swinarski (1929) sino también en todos los grandes directores de la segunda mitad del siglo XX. Giorgio Strehler (1921), Otomar Krejca (1921), Gueorgui Tovstonógov (1915) Robert Sturua, Miklós Jancsó (1921), intentan seguir la investigación de Brecht desde los verdaderos presupuestos creados por el maestro. Jancsó ha conseguido resultados espectaculares no sólo en sus trabajos teatrales sino también, y de manera muy especial, en los cinematográficos. Peter Brook (1925), Ingmar Bergman (1918) y Yuri Liubimov (1917) intentan sensibilizar las aportaciones brechtianas desde los aciertos conseguidos por la corriente simbolista de la puesta en escena. El gran especatulo "Hamlet" de Liubimov reunía la sabiduría última de las mejores puestas en escena brechtianas con la teoría de los biombos de Gordon Craig. Otro intento de unir las dos estéticas ha sido *Antígona* (1968) según texto de Brecht pero teniendo en cuenta las teorías de Antonin Artaud, que puso en escena *The Living Theater* bajo la dirección de Judith Malina (1926).

La línea de puesta en escena que se opone al naturalismo y a la Nueva Objetividad podríamos decir que empieza con Paul Fort (1872-1960) y su *Théâtre d'Art* que preconizaba un teatro escrito por poetas y que negaba todo valor a la escenografía representativa. Intentaban encontrar una interpretación refinada y artificial más cercana a la música que a la representación fotografíca de la realidad. Lugné-Poe (1869-1940) con su *Théâtre de l'Oeuvre,* es el primero que intenta una fusión del simbolismo de Paul Fort con el naturalismo de su maestro. En su teatro se estrenó una de las piezas claves del teatro anti-verista: *Ubu roi,* d'Alfred Jarry (1873-1907). Lugné-Poe pretendía que todos los medios escénicos estuvieran al servicio del texto pero se interesa por otro tipo de textos que los habituales y hace posible la gran aventura simbolista de Maurice Maeterlink (1862-1949).

De hecho los grandes creadores del moderno sentido de la puesta en escena son Adolphe Appia (1862-1928) y Gordon Craig. Para ellos el teatro es, ante todo y sobretodo, espectáculo, y la puesta en escena no es más que la organización y fusión de palabras, decorado, movimientos que han de lograr única y exclusivamente un fenómeno escénico que se nutrirá de todas las aportaciones técnicas existentes dando pie a una fusión parecida a la que se produce entre la partitura y los diferentes instrumentos orquestales que dan pie al surgimiento de la sinfonía. Ambos intuidores de nuevas realidades escénicas preconizaron un nuevo creador: el artista de teatro exclusivo. Para Appia la ilusión escénica se basa en la presencia del actor y organi-

## Cartas sobre la crueldad

París, 13 de septiembre de 1932

A.J.P.

Querido amigo:

Sobre mi Manifiesto no puedo darle precisiones que correrían el riesgo de desflorar su acento. Todo lo que puedo hacer es comentar provisionalmente mi título de Teatro de la Crueldad y intentar justificar la elección.

No se trata, en esa Crueldad, ni de sadismo ni de sangre, por lo menos de manera exclusiva.

No cultivo sistemáticamente el horror. La palabra crueldad ha sido tomada en un sentido amplio, y no en el sentido material y rapaz que habitualmente se le atribuye. Y, al hacer eso, reivindico el derecho a romper el sentido usual del lenguaje, a romper de una vez la armadura, de hacer saltar la argolla, de regresar, en fin, a los orígenes etimológicos de la lengua que a través de los conceptos abstractos evocan siempre una noción concreta.

Se puede imaginar bastante bien una crueldad pura, sin desgarramiento carnal. Y de otro lado, hablando filosóficamente, ¿qué es la crueldad? Desde el punto de vista del espíritu, crueldad significa rigor, aplicación y decisión implacable, determinación irreversible, absoluta.

Desde el punto de vista de nuestra existencia, el determinismo filosófico más corriente es una de las imágenes de la crueldad.

Se da equivocadamente a la palabra crueldad un sentido de rigor sangrante, de búsqueda gratuita y desinteresada del mal físico. El Ras etíope que carretea príncipes vencidos y que les impone la esclavitud, no lo hace por un amor desesperado de la sangre. En efecto, crueldad no es sinónimo de sangre vertida, de carne mártir, de enemigo crucificado. Esta identificación de la crueldad con los suplicios es un aspecto bien pequeño de la cuestión. En la crueldad que se ejerce hay una especie de determinismo superior, al cual está también sometido el verdugo torturador, y que, si hace al caso, él mismo ha de estar *determinado* a soportar. La crueldad es ante todo lúcida, es una especie de dirección rígida, la sumisión a la necesidad. No hay crueldad sin conciencia, sin una especie de conciencia aplicada. Es la conciencia la que da al ejercicio de todo acto de vida su color de sangre, su matiz cruel, ya que queda entendido que la vida es siempre la muerte de alguien.

Antonin Artaud: *Le théâtre et son double.*

za un espacio escénico hecho de grandes cubos practicables que Craig pondrá en movimiento y concretizará en forma de biombos.

Estas intuiciones se completan con las que lleva a cabo Antonin Artaud que también actuó como director de escena en *Los Cenci*, del año 1935. Y corren paralelas a las grandes aportaciones de Nicolas Evreinov (1879-1953), Alexander Tairov (1885-1950) y Vsevolod Meyerhold (1874-1942). Este último preconizó una puesta en escena que llamó constructivista y un tipo de actuación que ampliaba la teoría de la supermarioneta de Craig y que él calificaba como biomecánica. En su obsesión por conseguir los contenidos revolucionarios de los espectáculos Meyerhold desmontó, modificó y manipuló los textos, buscando las líneas claves ideológicas. En su obsesión antinaturalista llegó a dar visiones abstractas de los textos que montaba y las palabras se vaciaban de contenido semántico y se convertían en pura música. La emoción se creaba con medios adicionales, nunca con la propia interpretación del actor.

Todos estos presupuestos influirán en los autores del *Nouveau Théâtre* francés y en sus directores, y muy especialmente en Jean-Marie Serreau (1915-1973) y Roger Blin (1907), el gran defensor de los más difíciles textos de Samuel Beckett. Otra línea de la puesta en escena contemporánea a considerar es la que surge en Francia con la creación de *Vieux-Colombier* en 1913 a cargo de Jacques Copeau (1879-1949), que intentó conseguir la belleza del movimiento puro y alcanzar la más depurada expresión poética en el tratamiento de los grandes autores clásicos. Según él las dos formas teatrales más importantes eran el coro esquileano que servía para expresar emociones colectivas a través del recitativo y del gesto, y la *commedia dell' arte,* unión perfecta del gesto y de la capacidad de invención verbal. Copeau transformó el escenario y la sala. El escenario era una forma estable a base de materiales duros

que permitía una representación más "honesta" que la que posibilitaba el teatro que seguía la escenografía a la italiana. Suprimió las candilejas, y unió con escaleras la platea y el lugar de actuación. De él surge una escuela cartesiana de grandes preocupaciones éticas y de vocación mayoritaria. Entre sus discípulos se cuentan Etienne Decroux, Louis Jouvet (1887-1951) y Charles Dullin (1885-1949), Georges Pitoeff (1884-1939) y su mujer Ludmilla (1896-1951). Georges había sido alumno de Stanislavski y Meyerhold y fusionó hábilmente los hallazgos de la escuela rusa con el rigor de la tradición francesa. Él pro-
na moderna. Supo continuar los grandes hallazgos de Fir-
Francia las obras de Chéjov y Pirandello. Jean-Louis Barrault y Jean Vilar (1912-1971) son alumnos indirectos de Copeau. El primero alternó las lecciones de Dullin con las de Decroux y Artaud y ha sido uno de los renovadores del gran teatro de repertorio desde Racine a la Opereta. Vilar es una de las grandes presencias éticas de la puesta en escena moderna. Supo continuar los grandes hallazgos de Firmin Gémier (1869-1933) creador del *Théâtre Ambulant,* primer ejemplo de descentralización teatral y creador en 1920 del *Teatro Nacional Popular* que Vilar continuó y amplió después de largos años de interrupción. Como ya hemos dicho el *Teatro Nacional Popular* de Vilar es una de las grandes aventuras y grandes aciertos del teatro político y del teatro popular del siglo XX.

Es posible, después del rápido panorama de la puesta en escena que hemos aventurado, intentar una delimitación estética del rol del director. Hay varios tipos de directores de escena: el que logra la total responsabilidad del espectáculo, tenga o no en cuenta un texto, y el director que se pone al servicio de una obra teatral establecida previamente. En este segundo caso, el más conflictivo y el más complejo, el director puede hacer simplemente la tarea de "levantar un texto del papel". En este caso se limita a concertar los diferentes elementos de la nómina. Hace un papel de ilustrador. Este es el teatro que suelen cultivar los directores que son a la vez decoradores. Este fue el caso del período teatral de Franco Zefirelli (1923). Se pueden llegar a conseguir cotas de belleza visual extraordinarias pero normalmente el director-ilustrador no añade elementos ideológicos nuevos a los que contiene el texto. El director recreador o el director autor es el que manipula el texto o lo plantea de tal manera, aunque no cambie una palabra, que en su visualización consigue dar una interpretación determinada de un gran texto. Este es el caso de Giorgio Strehler, Peter Hall (1930) o Ingmar Bergman con los grandes textos clásicos con que han trabajado. El director suele recurrir a lo que en términos brechtianos se llama la "Bearbeitung" que comporta una reelaboración del texto y que normalmente implica la colaboración del "Dramaturg" que tiene entre otras tareas, la de verificar la coherencia política y estética de la obra que se pone en escena. Por un lado, pues, la puesta en escena limita con el mundo de la decoración y por el otro con el de la "dramaturgia" en el sentido alemán de la palabra.

## *DECORADO*

Se podría afirmar que el decorado o la escenografía en general surge con el teatro, da pie a la esencia misma del teatro. Si se ha afirmado que el teatro nace en el momento en que el hombre se coloca una máscara, en el momento en que el brujo intenta crear otra realidad de la suya propia, esa máscara y los elementos con que se viste ayudan a persuadir a los compañeros de la tribu que él es un ser diferente. En Grecia y en las obras de Esquilo ya se usaron esculturas, pinturas, objetos varios, pedestales y el decorado viene a definir una evolución parecida a la que lleva a cabo la civilización en general.

En los teatros de la antigua Grecia solía haber una tarima de 1,5 de altura, llamada proscenio, en la que trabajaban los actores. Detrás se hallaba la escena propiamente dicha cerrada por un muro en el que acostumbraba a haber tres puertas. La convención fue surgiendo y cada una de las puertas indicaba una procedencia determinada: campo, ciudad o palacio. Más tarde a ambos lados del proscenio se colocaron las decoraciones que representaban casas, árboles o calles. Más adelante se usaron dos bastidores de base triangular a cada lado cuyo eje se apoyaba en un pivote, al girar los bastidores daban pie a tres cambios de decorados. El teatro romano sigue muy de cerca las líneas del griego y en Ostia y Orange por ejemplo, la puerta central tiene dimensiones superiores a las otras. Pero en la Antigüedad el decorado cumple una función adjetiva y hay que esperar a la Edad Media para que la escenografía adquiera un papel protagonista y se coloque en la base del espectáculo. Mientras el teatro se representaba en el interior de las iglesias el decorado fue bastante simple y se usaba como marco el altar, el claustro o alguna otra dependencia de la catedral o de la iglesia. La maquinaria teatral, de todas formas, se pone en marcha y surge el elemento "maravilloso cristiano" necesario para el tono ilusionista que pretenden las obras. Así el ángel que descendía de los cielos o el Cristo que resucitaba y ascendía a la gloria. En el *Misterio* de Elche se mantienen elementos de complicada escenografía que nos dan una posible idea de la riqueza de las representaciones medievales. Cuando, en 1264, se instituye la festividad del Corpus Christi, en España, Italia e Inglaterra, las representaciones sagradas servirán para ilustrar el ceremonial de la procesión, en la que unos carros decorados pasearán por las calles cuadros vivientes que mezclarán escenas de las Sagradas Escrituras con personajes de la crónica del día o bien figuras familiares de la ciudad en que tiene lugar la procesión. En general, el drama sacro medieval y las manifestaciones parateatrales tienen como base y finalidad fundamentales ser una ilustración de las Sagradas Escrituras. Estos espectáculos venían a desempeñar el mismo papel informativo que la escultura, pintura y, en general, toda arte aplicada a las catedrales: la de servir de ilustración de la Biblia. No es de extrañar, por tanto, que el decorado tuviera un papel muy importante, pues como el público era prácticamente, analfabeto, el espectáculo debía cautivarles más por vía visual que auditiva. Una vez que se separa el espectáculo teatral del interior de las iglesias se sigue manteniendo la preocupación y temática sacra durante tres siglos. En las Pasiones francesas del siglo XV el decorado era mucho más ancho que profundo y el espectador podía abarcar con su mirada una docena de compartimentos que cada cual era un decorado o «mansión» y que todos unidos constituían una escenografía general. Los compartimentos venían a recordar las paradas de la procesión, y de esta manera se llegaban a suceder de 60 a 70 escenas animadas. A la derecha del espectador había una horrible cabeza de dragón o garganta del infierno que arrojaba llamas que figuraba que quemaban a los condenados que entraban en el infierno. Al otro extremo se hallaba un trono en el que se sentaba Dios padre rodeado de ángeles. La magia teatral jugaba un papel extraordinario: los mensajeros divinos volaban, la cabeza de S. Juan Bautista se separaba del cuerpo y ascendía a las alturas, el demonio se precipitaba debajo del escenario, etc. En 1548 un decreto del Departamento de París prohibe los juegos de la Pasión.

En 1402 se creó en París el primer teatro por decreto del rey Carlos VI. Este teatro sirvió de modelo a los que vinieron después aunque a decir verdad el teatro por excelencia será el Teatro Olímpico de Vicenza (Italia) que fue edificado según los planos de Andrea Palladio (1508-1580). El Teatro Olímpico cubre y estructura el espacio habitual usado por el teatro griego y que como es sabido aprovecha el declive de una colina y el rellano que comporta el valle. De hecho el proscenio del teatro de Vicenza reproduce el teatro romano en su etapa más evolucionada. La puerta central se convierte en un inmenso portal en el que hay dibujada una avenida en amplia y profunda perspectiva. Las dos puertas laterales fugan en la orientación en que está situado el espectador, la de la derecha hacia la derecha, y la de la izquierda hacia la izquierda. Así nace la perspectiva o la utilización en el decorado de la misma, en base de planos separados que continuarán las mismas líneas, y el decorado ira ganando consistencia hasta la llegada del neoclasicismo. Hay un decorado de Sebastiano Serlio, de 1550, en el que la utilización de la perspectiva es tan perfecta que casi se tiene la impresión de una fotografía. Es a partir de 1550, así mismo, cuando en Madrid y en París comienzan a proliferar los locales teatrales, donde se comienza a implantar la técnica de *trompe-l'oeil* que había perfeccionado Sebastiano Serlio (1475-1554). En España las representaciones sacras continuarán hasta muy tarde, y será el último país en eliminarlas. Las acciones del Santo Sacramento se representaban en la festividad del Corpus Christi sobre carromatos, y en la representación de autos sacramentales, y concretamente en Granada, se llegó a un perfeccionamiento escenográfico y a una mágica utilización del decorado como muy pocos países habían conseguido. Algunos historiadores ven en esta técnica de los carros decorados, que en Inglaterra se llaman *pageants*, un antecedente del escenario giratorio. El *pageant* viene a comportar toda una época del teatro escenográfico. En su origen fue un escenario móvil montado sobre un carro en el cual se representaban los milagros medievales. Más tarde el término se extendió para designar todo tipo de espectáculo itinerante que ya no necesitaba ser de tema religioso. De ahí se pasa al término moderno de procesión espectacular o *tableaux vivants,* que se componen de cantos, danzas y escenas dramáticas inspirados en la tradición local y que tan útiles fueron para que Gordon Craig definiera su visión renovadora del teatro. Entre 1.900 y 1.920 en Inglaterra hubo un revival de los *pageant.* Iñigo Jones (1573-1652) es sin duda ninguna el decorador-autor más importante de toda la historia. Arquitecto, escenógrafo y figurinista, fue artista de corte y preparó mascaradas, interludios y todo tipo de entretenimientos dramáticos usando de los hallazgos de la escenografía barroca italiana. Estuvo varias veces en Italia donde estudió las obras de Palladio y Giovanni Battista Aleotti (1546-1636), gran constructor de teatros y de apartados que se usaban en los torneos caballerescos. Jones introdujo los escenarios cambiantes y el ciclorama, el telón y el escenario preparado para poder usar la perspectiva. De hecho fue un autor total al que se supeditaron escritores como Ben Jonson (1572-1637) y sir Williams Davenant (1606-1668), el gran autor de la puesta en escena ilusionista inglesa. Otro decorador de gran proyección fue Fernando Galli-Bibiena, hijo y padre de escenógrafos; él es el precursor de la escuela escenográfica moderna y, sobre todo, el introductor de la perspectiva oblícua, que en aquel momento constituyó una verdadera innovación. Pero el verdadero descubridor de los teatros de perspectiva es Donato di Pascuccio di Antonio, más conocido como Bramante (1444-1514), quien se dio cuenta de que el escenario, a pesar de tener reducidas dimensiones, podía albergar grandes plazas, calles, parques, bosques y campiñas. La convergencia de todas las líneas en un punto situado en el centro del escenario creaba una ilusión óptica que, si se sabía aprovechar, daba la sensación del escenario, siempre que cada uno de ellos fuera de tamaño más reducido que el precedente. Claro está que según como caminaba el actor delataba el truco, y sólo los espectadores que se situaban en el centro de la platea podían disfrutar de una manera total de este juego óptico. Si la escenografía fue inventada por Bramante y modificada por Torelli (1608-1678), con Galli-Bibiena llega a su mayoría de edad. En un escenario de reducidas dimensiones se daba cabida gracias a la magia de la perspectiva oblicua, a grandes salas de palacios, habitaciones y monumentos. Con Filippo Juvara (1678-1736), que dibujó decoraciones para todos los monarcas de Europa, el decorado empieza a conocer la preocupación naturalista. A partir del siglo XVII hasta nuestros días los avances de la escenografía son escasísimos en su técnica, pero se llega a conseguir una ductilidad y una incorporación al mundo de la escenografía de la sensibilidad pictórica y de las conquistas estéticas de las artes plásticas. Un teatro que tuvo un gran papel en la escenografía y poseyó una de las maquinarias más complicadas de la historia del arte escénico fue el Teatro Drottningholm, que se construyó en Suecia en 1765; con la maquinaria de dicho teatro se consiguió, entre otras rarezas, que los actores volaran, y el prestigio del teatro hizo que compañías francesas e italianas actuaran en él. Otro teatro importante es el Residenz Theater, de Munich, diseñado por François de Cuvilliés (1695-1768).

Durante el siglo XIX la escenografía sigue un camino paralelo al de la puesta en escena. Paul Fort al grito de "viva el simbolismo" y "¡viva Mallarmé, el príncipe de los poetas!" asestará un golpe mortal al naturalismo, como ya hemos dicho, y permitirá todo tipo de experimentación visual. Con él trabajaron algunos de los pintores más importantes de su época y sus aportaciones unidas a las de Appia y Craig posibilitarían que en el mundo del ballet surgiera una personalidad absoluta, un autor total: León Bakst (1866-1924), que trabajó con Sergei Diaghilev (1872-1929), que unió las teorías de la tridimensionalidad de Craig y Appia a las intuiciones arquitectónicas de Bibiena, sirviéndose del clima colorístico bizantino. Sus visualizaciones de *Le spectre de la rose* (1911) o *L'après-midi d'un faune* (1912) cuenta entre los hitos del espectáculo del siglo XX. Para algunos autores Bakst ha sido el mejor decorador de todos los tiempos. El decorado en el siglo XX, o cumplirá una gran función ilusionista, como sucedió en los grandes espectáculos del director Max Reinhardt (1873-1943) y, especialmente en su *Sueño de una noche de verano,* según Shakespeare, de 1904, o seguirá los grandes hallazgos de los ismos clásicos con la incorporación de los grandes pintores tales como Edouard Vuillard, Henri de Toulouse-Lautrec, Edvard Munch, Max Slevogt, Lovis Corinth, Karl Walser, Ernst Barlach, Laszlo Moholy-Nagy, Giorgio de Chirico, Oskar Schlemmer, René Auberjonois, Pablo Picasso, Henri Matisse, Marie Laurencin, Georges Braque, Joan Miró, Fernand Léger, André Derain, Marc Chagall, Jean Cocteau, Raoul Dufy, Salvador Dalí y André Masson.

La aportación de los grandes pintores al teatro que en España se ha enriquecido con trabajos de Antoni Tàpies, Albert Ràfols Casamada, Benjamín Palencia, José Caballero, Gustavo Torner, Antonio Saura etc., ha comportado grandes elementos de renovación formal pero no de cambio de estructura del sentido del espacio. Los pintores han tenido que plantearse el espacio escénico como un espacio pictórico, continuando así el error de planteamiento que, de base, tiene la escenografía a la italiana. Con todo, ha habido algunas importantísimas excepciones que hay que mencionar.

Oskar Schlemmer (1888-1943), pintor, decorador, dirigió el laboratorio de decoración teatral de la «Bauhaus» en donde hizo experimentos decisivos para el cambio de signo del espacio escénico. Schlemmer coincidió, en gran parte, con las intuiciones de Gordon Craig, le obsesionó liberar al hombre, al actor, de todas sus ataduras y quiso llevar la libertad de movimiento del mismo más allá de lo que es natural, colocando en el lugar del organismo corporal la silueta artificial creando el autómata y la marioneta. Pensó que las posibilidades de creación en el sentido metafísico del término son excepcionales sobre todo si se tiene en cuenta los adelantos de la técnica, consiguiendo perspectivas desconocidas para todo lo que fuera extrasensorial y extravagante, para lo patético y lo cómico. Recordando los elementos distorsionadores del cuerpo humano usados por los griegos, coturnos y máscaras, y las siluetas gigantescas de los carnavales y las ferias preconizó la creación de figuras maravillosas que personificaran conceptos y concepciones de muy elevada categoría. Estas figuras «realizadas con los materiales más nobles se podrán convertir en símbolos preciosos de una fe nueva. Dentro de este orden de ideas la relación podría ser, incluso, inversa; el creador se ocupará del fenómeno óptico y se encargará al poeta de las palabras y de los sonidos.»

Laszlo Moholy-Nagy (1895-1946), pintor y decorador húngaro, trabajó en la Bauhaus en Weimar, colaboró con Piscator y participó en la New-Bauhaus de Chicago. Después de la "esfera escénica futurista" de Enrico Prampolini (1894-1956) en la que se demostraba que el escenario no debía ser estático y tenía que estar libre de cualquier relación de tipo realista, viviendo la acción teatral en su síntesis dinámica, provocando valores emotivos que no intuyeran ni el autor ni el director, Moholy-Nagy siguiendo a Prampolini preconizó una nueva disposición del espacio escénico en donde el color, o sea la luz, recibiera todo tipo de transformaciones que «en el momento en que una alta concentración de acciones será realizable nacerá la arquitectura correspondiente de la sala.» Al mismo tiempo los figurines exactos subrayan la función y también aquellos que permitirán cambios súbitos, subordinados a un sólo momento de la acción. Resultará un dominio más grande de los medios de creación, reunidos en una unidad y un efecto único agrupados en un organismo equilibrado.

Vratislav Hofman (1884), pintor y decorador checo trabajó con Karel Capek (1890-1938) quien con su obra *R.U.R* (1920) denunció los procesos del moderno tecnicismo y permitió unas visualizaciones de los «robots» que dieron pie a poner en práctica las teorías sobre la supermarioneta. Dentro de este ámbito de investigación muy influido por el cubismo, Hofman llegó a las siguientes conclusiones: «En la puesta en escena, me parece que lo esencial es la arquitectura de los espacios escénicos, estos espacios son de orden plástico y estan sometidos, en consecuencia, a las leyes generales de la pintura, de la escultura y de la arquitectura, pero con una diferencia, a pesar de todo, y es que en la puesta en escena hay que tener en cuenta la perspectiva teatral.» Hofman insistió en que la puesta en escena no podía escapar ya a las leyes de la arquitectura.

Fernand Léger (1881-1955) creía en un escenario que no recordara en nada a la sala, que se produjera una transposición completa, y se creara una *féerie* nueva, «todo un mundo nuevo e inesperado evoluciona delante de ellos» (los espectadores). Son como ciegos que de repente con una varita mágica han sido curados; ven maravillados un espectáculo que no habían visto nunca. La escena moderna puede ir si se quiere hasta conseguir esto. Ahora se poseen los medios para hacerlo. El público seguirá. Ha seguido. La prueba está hecha.» Léger quería que se produjeran el máximo de efectos escénicos y que el escenario fuera una completa invención en el que el individuo desapareciera y se convirtiera en decorado móbil.

Sonia Delaunay (1885), preconizaba un teatro de color: «El teatro del color debería componerse como un verso de Mallarmé, como una página de Joyce: perfecta y pura yuxtaposición, encadenamientos exactos. Cada elemento debería estar dosificado según su justo peso, con un rigor absoluto. La belleza está en el poder de sugestión que hace participar al espectador; él aporta su parte de creación, su espíritu.» Todas estas geniales intuiciones llevaron al hombre de teatro moderno a la convicción de la dimensión arquitectónica del lenguaje teatral. Walter Gropius (1883-1969), gran arquitecto, crítico de arte y escritor, dirigió la «Akademie der Kunst» y la Bauhaus, en

Weimar, de 1919 a 1926. El fue el primero en aceptar que el edificio teatral debía construirse en función del creador teatral, del director de escena. De acuerdo con los deseos de Piscator, creó el «teatro total» que permitía todas las innovaciones que el gran director alemán usaba en sus puestas, afirmando que «basta con hacer girar 180º el gran disco de la platea para transformar completamente el teatro. Pues entonces, la escena excéntrica que se encuentra montada en ella, se convierte en un teatro circular, central, rodeado de espectadores por todas partes. Esta transformación puede conseguirse incluso durante la representación... Los medios mecánicos necesarios para el cambio de lugar de las escenas se completan con medios de proyección luminosa. La petición de Piscator de poder colocar en todas partes pantallas y proyectores ha sido estudiada con un cuidado muy especial pues yo soy personalmente de la opinión que la técnica moderna de proyección es la más simple y la más eficiente de los medios de la puesta en escena. Pues, en el espacio neutro de la escena oscurecida se puede construir con la luz.»

Del "teatro total" de Gropius han surgido una serie de edificios teatrales que se replantean absolutamente la función del teatro burgués. La mayoría de estos planteamientos han quedado en proyecto, pero ahí están y los modernos arquitectos saben que hay que encontrar soluciones nuevas a los retos que presentan los modernos espectadores entendidos como un todo. Cabe citar los siguientes proyectos o realizaciones de edificios teatrales: el Teatro Wolfburg de Hans Scharoun, el Teatro de Vicenza de I. Gardela, el de Dallas (Texas) de Frank Lloyd Wrigth, el Teatro de los Campos Elíseos según proyecto de Henry van der Velde y Auguste Perret, el Teatro Muncipal de Utrecht de Willem Marinus Dudok, el proyecto de Aldo Rossi (1931) para el Teatro Paganini de Parma, el "Goetheanum" de Dormach de Rudolph Steiner, la reforma del Teatro de Milán por E.Rogers y M.Zanuso y el proyecto de Richard Neutra que ganó el 1er. premio del concurso para el teatro de Düsseldorf. Hay que señalar por su carácter modélico el proyecto de Mies van der Rohe para el teatro de Mannheim, y la Ópera de Essen de Alvar Aalto (fecha de concurso 1959, fecha de proyecto 1961-64).

Paralelamente los responsables de los grandes locales de conciertos han llevado a cabo una investigación sobre el espacio orquestal cuya máxima conquista posiblemente sea la Filarmónica de Berlín de Hans Scharoun que se construyó en 1963.

El mundo de la escenografía ha tenido un teorizador de alto nivel en la persona de Jacques Polieri autor de *Scénographie, sémiographie* (1971) en donde usa la semiografía descriptiva para explicar los cómos de la representación y no los por qué de la misma, que, según él afirma, son de orden mitológico o puramente psicológico. Él valor además el término escenografía para designar todo lo que comporta la organización plástica del espacio escénico.

El auge de la escenografía ha dado pie a un tipo particular de espectáculo que en Italia ha recibido el nombre de «teatro imagen». El descrédito de la palabra llevó a los directores italianos de la generación del 68 a cultivar un espectáculo fundamentalmente visual. Para los nuevos directores italianos el espectáculo teatral tiene una independencia propia que a veces puede coincidir con el texto y otras no, mejor diríamos que, por el general, no coinciden. Los grupos que han cultivado en los años 60 y en el primer lustro de los 70 el teatro imagen, han sido entre otros, los siguientes: «Grupo di sperimentazione teatrale», dirigido por Mario Ricci (1928), «Granteatro» (dirigido por Carlo Cechi), «Teatro La Fede» (Giancarlo Nanni), «Teatro Lavero» (Valentino Orfeo), «Teatro Libero» (Armando Pupliese), «Teatro di Marigliano» (Leo e Perla Peragallo), «Teatro Jarry» (Mario Santella), «Teatro Ouroboros» (Pier Alli), «Compañía Beat 72» (Giuliano Vasilicó). Hemos citado los nombres que los grupos tenían a finales del

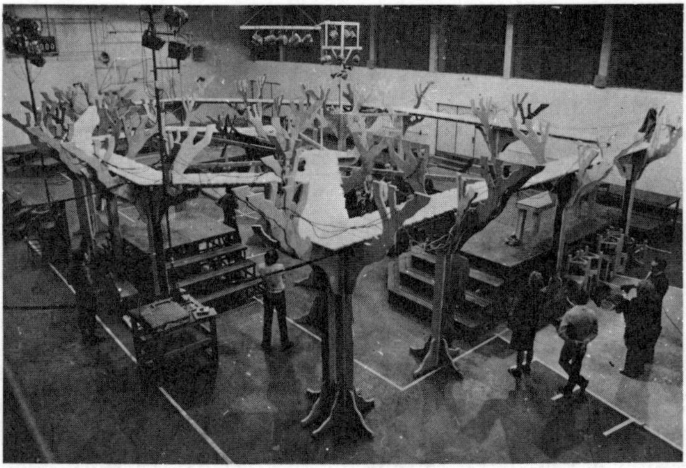

*Escenografía para la adaptación que Armando Pugliese hizo de "Il barone Rampante" de Italo Calvino en 1971. Como puede verse, hay en las copas de los árboles una especie de pasillos que unen todo el bosque, y por los que los actores deambularían. Los espectadores se verían obligados a ver desde el suelo y sin poder sentarse, lo que ocurría encima de los árboles.*

año 72 que fue el momento en que empezó a cristalizar este nuevo tipo de espectáculo llamado Teatro-Imagen, variante que tuvo en los siguientes críticos unos entusiastas defensores y promocionadores: Roberto Alemanno, Giuseppe Bartolucci, Guido Boursier, Ettore Capriolo, Franco Cordelli, Carlo Fontana, Italo Moscati, Franco Quadri, Giuliano Scabia, Franco Scaglia...

Todas o casi todas las constantes de la *Commedia dell'Arte* se repiten, vivificadas, en la actual neovanguardia italiana. Pongamos como ejemplo el trabajo de Mario Ricci, uno de los creadores más interesantes de este movimiento. Ricci ha compuesto unos espectáculos basados en la problemática del viaje, en la necesidad del hombre de caminar por el mundo. Así *Viaggi di Gulliver* del 66, *James Joyce* del 68, *Moby Dick* del 71, *Il lungo viaggio d'Ulisse* del 72... En sus espectáculos viajan, no los hombres comunes, sino algunos "héroes" de la literatura. Ricci se sirve de estos «héroes», de estos personajes literarios, como arquetipos con el fin de crear una identificación entre el héroe de ficción y el hombre común. Pero veamos lo que dice Ricci: «Son efectivamente arquetipos. Me sirven para hacer que el público así pueda reconocer una situación siguiendo las aventuras de personajes de gran relieve que se mantiene como tales hasta que el espectáculo mismo no decide hacerles bajar del pedestal y de presentarlos como protagonistas de historia en la cuales no existen discriminaciones». Ricci ha trabajado con el gran marionetista de Estocolmo Michael Meschke. De los personajes arquetípicos usados por Meschke ha aprendido mucho. En sus espectáculos Ricci pretende que sus actores posean la precisión y seguridad de las marionetas, pero a la vez intenta la transformación y iluminación absoluta del actor tradicional. Para él los actores: «deben aprender a inventarse, convirtiendo en imposible cualquier instrumentalización. El que no tiene nada dentro de sí, el que está vacío, no resiste». El actor se convierte en un recreador. El texto pierde, como es lógico, toda su validez, Ricci continúa: «El texto lleva siempre consigo una tesis, un mensaje. Ejercita, al fin y al cabo, una función autoritaria que impide al público sentirse libre y juzgar libremente el espectáculo «teatral» al cual está asistiendo. Como siempre la relación escenario-platea está basada sobre pequeñas verdades. El debate en torno a estas pequeñas verdades no deja espacio y no consiente verdaderas provocaciones. Es necesario colocar al público, contrariamente, frente a unas responsabilidades. El público no debe «escuchar», debe participar en el sentido de que puede hacer él «su teatro». No se encerrara en sí mismo, afirmando que no ha comprendido, sino que intentará darse cuenta de lo que sucede, repensando en aquello que ha visto y sentido».

Los grandes representantes de esta corriente a nivel europea son, sin duda ninguna, Tadeusz Kantor (1915) y Josef Szajna (1922). El primero ha dirigido el Cricot II de Cracovia y ha trabajado en Italia. Kantor preconiza una estructuración del espacio teatral en sentido absolutamente plástico. El es director, escenógrafo y, a veces, autor, y en uno de sus mejores espectáculos *La clase muerta* interviene directamente conduciendo a los actores durante el espectáculo como si fuera un director de orquesta. Szajna ha llevado el sentido escenográfico del espectáculo hasta las últimas consecuencias, basándose en una estética de la pobreza (en el uso de materiales), de la crueldad y de la dimensión polaca del expresionismo. En España, Albert Boadella («Els Joglars») usa, con habilidad, elementos del Teatro-Imagen.

## *EL AUTOR*

El autor ha sido siempre el componente privilegiadísimo de la nómina teatral. Hasta ahora hemos intentado señalar la importancia de cada uno de los componentes de esta nómina y recordar los momentos históricos en que ellos han sido protagonistas. De todas formas sucede un hecho incuestionable y es que gracias a la existencia del texto teatral se ha podido tener memoria del espectáculo. Hasta la invención del cine, del video, el espectáculo no se podía fijar, no se podía repetir aunque sólo fuera a nivel de testimonio. Hubo la posibilidad de fijar en los vasos griegos, en los murales, en la pintura al óleo, y, más tarde en la fotografía, momentos de los espectáculos, pero el factor incontrovertible es que de no haber existido Esquilo, Shakespeare, Lope de Vega, Racine o Goldoni, no sabríamos prácticamente nada de lo que fue el hecho teatral en el momento en que estos autores vivieron. El texto, pues, es la memoria del espectáculo. Que luego una serie de historiadores y teóricos hayan valorado esclusivamente los textos, puede ser para alguno de nosotros una aberración, pero suerte hemos tenido de que esta aberración se haya producido. Por otro lado hay un clarísimo problema de niveles expresivos. Es un hecho que la humanidad y, concretamente, la raza blanca, ha valorado el lenguaje hablado y escrito en detrimento del lenguaje gestual y de otros paralenguajes. El hecho que la literatura tenga unos treinta y cuatro siglos de existencia (partimos de la existencia del alfabeto de Ugarit) ha permitido que se crearan unos techos expresivos altísimos. El teatro ha tenido acceso a estos techos expresivos gracias a que ha usado el lenguaje escrito. John Howard Lawson en su *Teoría y técnica de la dramaturgia* (1936), actualizada en 1960, se refiere al término «imaginación teatral» con el que describe la cualidad del arte dramático que transforma la imitación de una acción en una nueva experiencia creadora, en una visión y una revelación que comparten los actores y el público y recuerda las consideraciones de Francis Fergusson (*The Idea of a Theater,* 1953) quien nos sugiere «el estudio de los hitos de la cultura –el teatro de Sófocles y Shakespeare, la *Divina Comedia* de Dante– en los cuales el concepto del teatro se ha planteado suscintamente.» En el teatro, pues, se han conseguido las máximas alturas expresivas que se ha logrado en el mundo de la literatura, luego sigue la *Divina Comedia* de Dante, a la que nosotros añadiríamos *El Quijote*, de Cervantes. Howard Lawson, pensamos que irónicamente, afirma que tal vez resulte excesivo pedirle al teatro de Broadway –incluyendo el Off-Broadway– que aspire alcanzar «el esplendor de la *Divina Comedia*». Pero incluso añade «el concepto en sí de tal teatro es ajeno al drama moderno» y afirma «que los dos dramaturgos modernos que más se han esforzado por restaurar la imaginación teatral son Sean O'Casey (1884-1964) y Bertolt Brecht. Sus modos de comunicación son diferentes, pero se parecen en su sentido histórico, en su preocupación por las realidades sociales y políticas, en su antagonismo con las trilladas convenciones y el árido lenguaje del teatro actual, en su empleo de formas y técnicas derivadas de la herencia dramática clásica.

Siempre cabe la posibilidad de preguntarse frente al espectáculo moderno si él, con su independencia absoluta lograda en el último siglo, alcanza los niveles de imaginación teatral lawsiana que consigue el texto. Sin duda ninguna el hecho de que el espectáculo dure un espacio de tiempo determinado, normalmente de hora y media, y que vaya seguido, no permite alcanzar grandes niveles expresivos. La atención del lector se puede detener siempre y reflexionar,al espectador no se le permite la reflexión. Por eso siempre tenemos la impresión de que las visualizaciones de los grandes textos teatrales tienden a bidimensionalizarlos, a reducir sus contenidos. Por ejemplo, frente a los grandes textos shakespearianos, sólo algunas puestas de Strehler o del Teatro Nacional inglés, concretamente *Rey Lear* del primero, y *El Mercader de Venecia* del segundo, dirección Lawrence Olivier (1907) y Jonathan Miller (1934), nos han dado una aproximación a la última genialidad de los textos. En el caso de la tragedia griega Ronconi nos ha aproximado a Esquilo en profundidad y en su verdadera dimensión temporal. Cuando vimos *Orestea* en Venecia el año 72 duraba unas cinco horas y era una versión considerablemente reducida, por lo visto, de lo que fue su estreno en Belgrado. Ante la reacción del público Ronconi aún tuvo que ir reduciendo más la duración del espectáculo. Cuando se ve *La Orestíada* prácticamente en su totalidad, uno realiza el verdadero alcance de este texto, y se da cuenta de que hasta qué punto ha sido engañado en las versiones anteriores a que ha asistido. Por otro lado hay que considerar que los grandes teóricos de la semiología, llegan a negar, en algunos casos, que el teatro como espectáculo sea un lenguaje. Anne Ubersfeld, en su espléndido ensayo *Lire le théâtre* (1978), nos recuerda que «en la medida en que se define el lenguaje como un sistema de signos destinados a la comunicación, está claro que el teatro no es un lenguaje, que no se puede propiamente hablar de lenguaje teatral. De igual manera que Christian Metz niega que haya un *signo cinematográfico* no se puede hablar con total rigor de un *signo teatral*: no hay elemento aislable en una representación teatral que sea el equivalente de los signos lingüísticos con su doble carácter de arbitrario (relativo) y de doble articulación (en morfemas y fonemas). En consecuencia toda identificación del proceso teatral con un proceso de comunicación (emisor-código-mensaje-receptor) da pie a abrir un flanco a los ataques de los que George Mounin se ha convertido en el intérprete apasionado. Anne Ubersfeld sólo da como posible signo teatral el cuerpo del actor que, según ella, tal vez pueda ser considerado como un sistema de signos articulados en parte y en el que la relación significado-significante es relativamente arbitraria. La famosa tratadista se pone en las antípodas de Tadeusz Kowzan y de Jindrich Honzl al lado de los cuales nos alineamos nosotros. En el año 72 tuvo lugar en Venecia una importante mesa redonda dedicada al tema *Per una semiotica del teatro* y se invitó a una serie de compañías japonesas para que mostraran sus espectáculos, fundamentalmente gestuales. Los participantes de la mesa no nos pusimos de acuerdo y se crearon dos frentes muy claros y definidos. A un lado los creadores teatrales, a otro lado los semiólogos. Umberto Eco fue de todos los teóricos el que mejor encontró una solución, a nuestro entender, al afirmar: «Si el teatro es ficción, lo es solamente porque ante todo es signo. Resulta justo decir que muchos signos no son ficciones, en la medida en que por el contrario pretenden indicar, denotar, significar cosas que existen realmente: pero el signo teatral es un signo ficticio, no porque se trate de un fingimiento o de un signo que comunica cosas inexistentes (y, por lo demás, convendría decidir aquí qué significa decir que una cosa o un acontecimiento son inexistentes o falsos), sino porque finge no ser un signo. Y acierta en su empresa, por cuanto el signo teatral pertenece a la categoría de signos clasificados por alguien como naturales y no artificiales, motivados y no arbitrarios, analógicos y no convencionales. En otros términos, el elemento primario de una representación teatral (más allá de la colaboración de los demás signos, por ejemplo signos verbales, escenográficos y musicales) viene proporcionado por un cuerpo humano que se deja ver y que se mueve. Un cuerpo humano que se mueve se presenta como una cosa verdadera, eventualmente como el objeto de signos posibles (objetos fotográfico, verbalmente definible, designable...). Pero el elemento propiamente «semiológico» del teatro consiste en el hecho de que ese cuerpo humano ya no es una cosa entre las cosas, porque alguien lo *muestre*, separándolo del contexto de los acontecimientos reales, y lo constituya como signo, constituyendo al mismo tiempo como significantes los movimientos que realiza dicho cuerpo y el espacio en donde se inscriben tales movimientos.»

Dejando de lado las polémicas entre semiólogos, y aunque nosotros seamos de la opinión que se puede llegar a conseguir el espectáculo, definir una unidad mínima de la representación que sería como una rotura en el tiempo, como afirma Kowzan, el hecho es que el texto teatral si no es un lenguaje autónomo como señala Anne Ubersfel, es analizable como cualquier otro objeto que tenga un código lingüístico de acuerdo con las reglas de la lingüística y el proceso de comunicación dado que tiene de manera incontestable un emisor, etc. etc.

Este emisor organiza sus mensajes a través de formas o fórmulas teatrales. Es posible historiar la marcha del texto teatral a través de las formas y fórmulas teatrales. El gran profesor Siegfried Melchinger en su ensayo *El Teatro desde Bernard Shaw hasta Bertolt Brecht*, intenta una lectura de la historia a través de las formas teatrales, o de sus sustitutivos, las fórmulas. Toda gran época encuentra una forma teatral, una manera particular de organizar, a través del teatro, la narración de una historia a través de la cual se da una visión del mundo. Sin duda ninguna la forma teatral por excelencia es la tragedia y prácticamente se podría explicar el devenir de todos los textos teatrales a través de esa forma y de su oposición de sensibilidades que es la comedia. De hecho, las grandes formas teatrales son mínimas: tragedia, comedia, drama elisabetheano, drama español, drama romántico, drama épico... Las fórmulas tampoco son muy amplias: pieza bien hecha, melodrama, sainete, musical, opereta, zarzuela, etc. Estas formas suelen tener unos teóricos que las definen y unos autores que las tipifican. Así, la tragedia encuentra en Aristóteles su máximo teorizador, y dado que la tragedia es el más alto nivel de la «imaginación teatral», Aristóteles es, por extensión, la expresión teórica máxima del teatro. Aristóteles, que ha ejercido tan gran influencia en el pensamiento de la raza blanca, de tal manera que se puede decir que nuestros esquemas de pensamiento parten de él, ha llegado a tener un dominio absoluto e indiscutido sobre la teoría dramática. De hecho no hay posiblemente manifestación más retrógrada en el campo de la estética que la del espectáculo teatral y cuesta crer que un texto –por muy genial que sea– del que sólo han llegado hasta nosotros algunos fragmentos haya ejercido una tan desmesurada influencia en el devenir del espectáculo teatral. Como muy bien ha señalado Howard Lawson: «Aristóteles es la Biblia de la técnica dramática, las pocas páginas de la *Poética* han sido manoseadas, analizadas, anotadas con fervor religioso. Como el caso de la Biblia, estudiosos entusiastas han logrado hallar en ella los significados más diversos, contradictorios y fantásticos».

## La tragedia según Aristóteles

Hablaremos ahora de la tragedia, resumiendo la definición de su esencia, según que resulta de las cosas dichas. Es, pues, la tragedia representación de una acción memorable y perfecta, de magnitud competente, recitando cada una de las partes por sí separadamente, y que no por modo de narración, sino moviendo a compasión y terror, dispone a la moderación de estas pasiones. Llamo estilo deleitoso al que se compone de número, consonancia y melodía. Lo que añado de las partes que obran separadamente, es porque algunas cosas sólo se prepresentan en verso, en vez que otras van acompañadas de melodía. Más, pues se hace la representación diciendo y haciendo, ante todas las cosas el adorno de la perspectiva necesariamente habrá de ser una parte de la tragedia, bien así como la melodía y la dicción, siendo así que con estas cosas representa. Por dicción entiendo la composición misma de los versos y por la melodía lo que a todos es manifiesto. Y como sea que la representación es de acción, y ésa se hace por ciertos actores, los cuales han de tener por fuerza algunas calidades según fueren sus costumbres y manera de pensar, que por éstas calificamos también las acciones; dos son naturalmente las causas de las acciones: los dictámenes y las costumbres, y por éstas son todos venturosos y desventurados.

La fábula es un remedo de la acción, porque doy este nombre de fábula a la ordenación de los sucesos; y de costumbres a las modales, por donde calificamos a los sujetos empeñados en la acción; y de dictámenes a los dichos con que los interlocutores dan a entender algo, o bien declaran su pensamiento. Síguese, pues, que las partes de toda tragedia que la constituyen en razón de tal, vienen a ser seis, a saber: fábula, carácter, dicción, dictamen, perspectiva y melodía; siendo así que dos son las partes con que imitan, una cómo y tres las que imitan, y fuera de éstas no hay otra. Por tanto, no pocos poetas se han ejercitado en estas, para decirlo así, especies de tragedias; por ver que todo en ellas se reduce a perspectiva, carácter, fábula, dicción, dictamen y melodía, recíprocamente.

Aristóteles: *El arte poética*

Muchas de las malas interpretaciones son debidas a la falta de perspectiva histórica. Si estudiamos al filósofo griego en relación con su época, podemos comprobar el valor de sus teorías y seleccionar y desarrollar lo que pueda servir a la luz de los conocimientos posteriores. No hay que olvidar que Aristóteles escribe su *Poética* unos cien años después del gran período de la tragedia griega «sin hacer comparaciones –seguimos a Howard Lawson– entre sus propias ideas éticas y las de aquellas obras maestras de la tragedia. Su enfoque fue completamente antihistórico: mencionó los orígenes de la comedia en la tragedia, pero sin estar consciente, de que estos orígenes determinaron la forma y las funciones del drama. La simplicidad del análisis realizado por Aristóteles es posible, en gran medida, a causa de la simplicidad de la estructura dramática griega, centrada alrededor de un único incidente trágico, clímax de una larga sucesión de hechos que son descritos, pero no representados.

Sucede además que a Aristóteles se le atribuye más nivel de dogmatización del que realmente tuvo. Se acepta por tradición que la teoría de las unidades de tiempo, lugar y acción, que tanto han ayudado a esclerotizar la marcha hacia adelante de las formas teatrales, es un presupuesto aristotélico. Pero esto es absolutamente falso. El nunca se refiere a la unidad de lugar, y cuando habla de la unidad de tiempo dice sólo que «la tragedia trata de desarrollarse como máximo en una sola revolución del sol o apenas excederla». No hay que olvidar que los grandes trágicos griegos no siguieron nunca esta limitación. Pero resulta que los repetidores franceses e italianos de la gran forma de la tragedia, los Voltaires, los Racines, Corneille y los Alfieri, tuvieron una adoración fetichista por esta teoría de las tres unidades. Quien de hecho habló de las tres unidades por primera vez fue Ludovico Castelvetro que hacia 1570 afirmaría que «el tiempo de la representación y el de la acción representada deben coincidir exactamente» y que «el escenario de la acción debe ser siempre el mismo».

Gotthold Ephraim Lessing (1729-1781) fue el primero en llamar la atención sobre este gran malentendido, pero es inimaginable que tuvieran que pasar tantos siglos para que alguien lo corrigiera.

## *LA TRAGEDIA*

Como se dice en la Enciclopedia Garzanti dello Spettacolo, la tragedia es uno de los términos más problemáticos de toda la historia del teatro y de la literatura por la infinidad de significaciones que ha ido asumiendo y por la riqueza y ambigüedad de los valores a que hace referencia el comportamiento trágico. De todas formas, con toda su complejidad a cuestas, hay una forma precisa canonizada que desde el mundo griego se ha mantenido hasta el romanticismo. La tragedia es la gran creación del teatro de la raza blanca y es muy difícil establecer sus verdaderos orígenes. Como afirma Lévi-Strauss, la tragedia suele ser siempre un mito que se presenta como «toma de consciencia de ciertas oposiciones y que tiende a su progresiva mediación».

Si en un principio fue el rito que luego vino a ser vivificado por la zona ambigua de la mitología, o sea que si es un hecho que los animales tienen comportamientos ritualísticos evolucionados, como por ejemplo los primates, los lobos o las abejas y que el hombre tiende a dar contenido mitológico a estos ritos, la tragedia, para nosotros, surgiría en el momento en que el elemento tiempo se potencia dentro de las manifestaciones ritualísticas. Por eso es posible distinguir el espectáculo en su pura acepción, como es el boxeo, los toros o el fútbol, del espectáculo complejo y temporalizado en el que los emisores del mensaje juegan con el tiempo a la vez que producen su espectáculo en un tiempo determinado, en una duración concreta. En el momento en que en el rito entra la narración y se va esencializando lo que hay en ella de temporal, el teatro se va despegando del rito y adquiere dimensiones propias. En este momento surge la tragedia, como última corporización de toda la reflexión mitológica. A decir verdad, nadie puede a ciencia cierta decir lo que es la tragedia. Se nos conservan muy pocas en relación a las que se escribieron. Tampoco tenemos ninguna seguridad de que las obras de Esquilo, Sófocles y Eurípides fueran realmente las mejores de toda la Antigüedad. Es posible pensar que algun día se descubran textos de otros autores que podrán comportar una sorpresa tan grande como la que se ha producido en el mundo de la arqueología con el hallazgo de los bronces de Riace, expuestos al público en 1981.

Se pueden dar todas las interpretaciones de la tragedia, se puede decir que lo fundamental en ella es el *pathos*, o sufrimiento que comporta una aceptación, y un elemento mítico fundamental. El *pathos* se ha dado como uno de los elementos arquetípicos y definitorios de la tragedia, por tradición, pero hoy cada vez nos queda menos clara esta acepción. ¿Realmente el espectador griego compadecía al héroe? La verdad es que no tenemos ninguna referencia de lo que sucedía en la mente del espectador griego, y hay algunos casos muy inquietantes como es que algunos historiadores del teatro explican que a los asistentes a algunas tragedias se les daba un óbolo o algún tipo de gratificación. ¿Se aburriría el espectador del siglo V ante las tragedias? De divertirse, ¿no tomaría con una cierta posición crítica los excesos que se le mostraban? El gran director cinematográfico Jules Dassin (1911), en su divertida película *Nunca en domingo,* nos viene a decir, de la mano de Melina Mercouri, que el espectador medio griego difícilmente se tomaba en serio aquellas atrocidades. Los grandes teóricos de la estética alemana del XVIII se inventaron una interpretación de Grecia, del Arte Clásico y de la Tragedia que cada vez más tendemos a pensar que fueron falsas. La tragedia comporta una tal bofetada cultural contra el espectador medio, y empleamos el término caro a Cesare Molinari, que difícilmente podía ser asimilado por el usuario habitual. Algo parecido, a nuestro entender, debía ocurrir con los Autos Sacramentales en época de Calderón. Para nosotros la respuesta estética y española a la forma de la tragedia es el Auto calderoniano. Y aunque hay autores que afirman que el público popular conocía todos los presupuestos teológicos barajados por Calderón, nosotros sabemos (de la escenografía ya tenemos notícias bastante adecuada) que Calderón era un gran organizador de espectáculos y que la música y la escenografía captaban la atención del espectador más que el texto, que era normalmente de un nivel literario e intelectual extraordinario. Nosotros también tendemos a pensar que el público del auto sacramental, o bien se aburría, o bien hacía una lectura totalmente diferente de la que llevaban a cabo los aristócratas y los estudiantes. También hay historiadores que aventuran la afirmación de que se pagaba a los espectadores de alguna manera por asistir a ciertas representaciones de los autos. Sin ir más lejos, en los años 60 y parte de los 70, los teatros nacionales de España encontraban fórmulas paralelas para llenar los teatros en donde se programaban obras de repertorio o de contenidos ideológicos acordes con el poder establecido en esa época.

Las interpretaciones marxistas y, concretamente, las de signo brechtiano, tienden a entender la tragedia como un gran mecanismo ideológico que servía para reafirmar a la democracia ateniense en el poder. Cabría entrar en la famosa discusión de si la democracia ateniense fue una real democracia o una democracia dirigida como dice Leon Homo. La democracia ateniense fue realmente una gran conquista, pero esa conquista fue dedicada sólo a la minoría social que estaba situada en la punta de la pirámide social. A través de la forma teatral trágica, el grupo dominante emitía unos mensajes ideológicos muy concretos y determinados. El espectador, el pueblo bajo debía aceptar la historia tal como venía, tal como se le presentaba. Tenía que aceptar el «fatum», el destino, la «ananké», como un hecho incuestionable. De aquí que entre todos los elementos que se dan como fundamentales de la tragedia: la conexión con el culto de Dionisos, la fusión inicial con las manifestaciones de tipo satírico, la directa relación con los ritos de la fecundidad, de la regeneración o del eterno retorno, la valoración exclusiva del mundo de los héroes y de los reyes, el tratamiento de valores ético-religiosos extraídos de la mitología heroica, el elemento básico coral que pretende ser la expresión del pensamiento del pueblo bajo, etc., etc., el sentido de fatalidad, la creencia de que el hombre tiene un destino inamobible y que la historia no puede cambiar, es quizá el elemento básico de todos los que se han señalado como característicos de la tragedia. El hecho del final desgraciado, la acumulación de muertes, no es esencial a la tragedia; hay obras de Eurípides como «Alcestis» e «Ión» que tienen un final claramente feliz como en los mejores y más descarados films comerciales de Holywood, por eso algunos autores se han decantado a calificar estas obras como tragicomedias; nada de eso, son tragedias que cumplen todos los esquemas fundamentales de la misma, sólo que Eurípides, el genial y malintencionado Eurípides, se atreve a desmontar algunos de los presupuestos de la cosmogonía griega y a presentar unos dioses que al final se apiadan de sus víctimas. Pero la implacabilidad del destino actuando sobre sus víctimas se cumple absolutamente.

Esquilo (525 o 524-456 o 455 a.C.) nos presenta en *La Orestíada* representada en el 458, la transición del mundo tribal al mundo de la democracia reducida. Al ser la única trilogía que se nos conserva, nos da unos elementos de juicio de altísimo valor sobre lo que fue esta gran forma teatral. A la hora de enjuiciar la tragedia, hay que partir de los ejemplos que nos quedan y nada más, y *La Orestíada* es uno de los monumentos de mayor capacidad de penetración sobre la aventura del hombre y sobre la posibilidad de mejorar su estar ahí en el mundo. Impresiona, hasta extremos difíciles de describir, la síntesis llevada a cabo por Esquilo, el paso del mundo de las divinidades terrenales y las fuerzas racionales representadas por las divinidades olímpicas. Si la tragedia es un misterio, más lo es el hecho que comporta Grecia como país, como suma de ciudades-estado. De tener razón algunas de las últimas investigaciones históricas en virtud de las cuales unas bolsas de poblaciones indoeuropeas procedentes de lo que sería posteriormente Rusia, se desparramaron por la península griega y sus islas, y dominaron a las comunidades mediterráneas allí establecidas. Grecia, el misterio creador de Grecia, se produciría de la síntesis de dos civilizaciones antagónicas: la indoeuropea guerrera, cruel, vengativa, homoerótica, de estructura militar brutal, que adoraba a diosas vírgenes guerreras, se mezclaría, o mejor dicho, dominaría desde arriba prácticamente sin mezclarse, una población de tipo mediterráneo que poseía armas poco desarrolladas, vitalista, llena de creencias telúricas, que practicaba ritos de reencarnación y de fecundación, y que se expresaba a través del ritmo y de la música. El intento de conciliar estas fuerzas antagónicas da esa obra admirable que es *La Orestíada*, compuesta de *Agamenón, Las Coéforas* y las *Euménides.* En la última obra, Esquilo lanza un mensaje político clarísimo y descarado. Frente la justicia tribal hay que aceptar la justicia de los hombres, hay que dar paso a la democracia y a la justicia que de ella surge. No olvidemos que Orestes perseguido por las Furias, se acerca al templo de Palas en Atenas para ser juzgado por el consejo de ciudadanos. Se le acusa de uno de los crímenes más horribles que existen: el matricidio. Orestes afirma que es responsable y cometió el acto por propia voluntad. Se defiende diciendo que se vió obligado a vengar a su padre que había sido asesinado por su madre y por el amante de ésta. El coro le replica de una manera admirable, y le dice que Clitemnestra, la mujer odiada de la tragedia, era menos culpable que el propio Orestes porque al matar a Agamenón, su marido, había matado a alguien que no era de su propia sangre. Los atenienses votan y quedan empatados, y es en este momento cuando entra en juego Palas Atenea que se decanta a favor de Orestes y acepta que se vaya en libertad, por tanto un final feliz. Es más, la diosa persuade a las Erinias que acepten el veredicto. Las que fueron Furias perseguidoras de Orestes, al final de *Las Coéforas,* se convierten en benévolas Euménides y van en procesión a la sede que se les destina para ser veneradas.

*Prometeo encadenado* nos presenta una reflexión metafísica de una valentía social inesperada. Prometeo desafía la autoridad tiránica y celosa de Zeus y se atreve a dar el fuego a los hombres. Es una de las obras más difíciles y más fascinantes que se han escrito en toda la historia del teatro.

Sófocles humaniza y psicologiza los planteamientos de Esquilo; sus grandes aportaciones son personajes míticos en los que la humanidad se sigue reencontrando. En su *Antígona* se perfila a todos niveles el acto de aceptación del destino individual y la rebelión contra el poder establecido. Antígona es quizás, de todos los mitos griegos reelaborados por los autores trágicos, el que mayor fortuna ha hecho y el que el hombre de todas las épocas ha escuchado con más agrado y emoción. Cesare Molinari (1935) ha escrito un libro admirable en el que biografía el devenir de Antígona a través de los tiempos y a través de todas las interpretaciones que los escritores han hecho después de Sófocles. Su trabajo se titula *Storia di Antigone da Sofocle al Living Theater* y se convierte en una aportación apasionante a la historia del teatro. En cierto aspecto el teatro de signo psicológico se puede historiar prácticamente a través del mito de Antígona y sus epifanías diferentes a través de las épocas. Algo parecido sucede con *Edipo Rey* y *Edipo en Colono* y en menor grado con *Electra.*

Eurípides (486/4-406 a.C.) puede constituir otro de los grandes momentos de la creación teatral. Goethe se preguntaba acerca del mismo «¿Después de él, ha llegado alguna nación a tener un autor dramático que fuera digno de anudarle los zapatos?». Eurípides se dió cuenta de la terrible degradación de la vida familiar, de la opresión en que vivía la mujer. Empezó a señalar los efectos desencantadores y desmoralizadores que la política de opresión imperialista llevada a cabo en nombre de la democracia, y se atrevió a cuestionar la vigencia de las diferencias entre hombres libres y esclavos. Eurípides levanta un grito de atención a la soberbia imperialista griega y se convierte en el precursor de la edad helenística. El amor, que era un tema desconocido en el mundo del teatro, aparece con él, y el juego del amor viene a sustituir el desencanto en que se hallaba inmerso el contemporáneo de Eurípides. De todas sus obras, *Las Bacantes* es la más acabada, la más misteriosa, la más abiertamente opuesta al poder ateniense. Está escrita en plena madurez intelectual, cuando el gran trágico tenía setenta años y pico. Eurípides la lleva a cabo en Macedonia, una tierra semibárbara, en un exilio que no sabemos si fue voluntario o forzado. Sobre este particular los historiadores dan diversas versiones, pero en todo caso, fuera de Atenas, la ciudad-estado. *Las Bacantes* es, a nuestro entender, la obra más moderna, ya no de toda la producción euripideana, sino posiblemente la que nos queda más actual de toda la producción clásica griega. No es de extrañar que hoy sea la más representada por las compañías jóvenes y por los grandes investigadores modernos. En ella el rito dionisíaco es su máximo protagonista, y *Las Bacantes* se escribe en un momento de gran crisis de la civilización griega. Si la tragedia surgió del culto a

Dionisios, o mejor dicho, como afirman los profesores Henri Grégoire y Jules Meunier, nunca acabó de salir de él, siendo Dionisios el dios del vino, el dios de los actos de travestí, del delirio sagrado, del furor inspirador, del misterio y de la mística, *Las Bacantes* es, de todas las tragedias que se nos conservan, la única que trata del rito y del mito de Dionisos, las otras se perdieron. En el momento en que el exceso de racionalismo de los ciudadanos que están en la parte más alta de la pirámide social de Atenas, ha llegado a extremos morales inaceptables, Eurípides desde el exilio, desde un país que aún usa los ritos, viene a decir a sus antiguos conciudadanos que hay que volver a mirar hacia Oriente, hacia las civilizaciones que pertenecen a los países dominados por Grecia; con ello viene a insinuar claramente que se debe tener en cuenta el comportamiento moral de los metecos, de los esclavos y de los habitantes de todas las zonas dominadas por el imperialismo griego. No hay que olvidar que el culto dionisíaco fue seguido por los esclavos y que la clase en el poder, personificados en *Las Bacantes* por Penteo, el joven tirano racionalista, temen este rito porque pone en evidencia la falsedad de los presupuestos en que ellos fundamentan su poder. Siendo la tragedia una manifestación descaradamente oficial, la actitud de Eurípides denota una abierta revolución ideológica. En un principio opone desprecio y sarcasmo al reverencialismo que se tenía con las divinidades olímpicas. Después muestra un sincerísimo respeto y una admiración sin límites por la religión dionisíaca, y señala que este rito fue seguido por las mujeres y por los esclavos que se encontraban en una abierta situación de explotación, de cruel dominio. Especialmente el estado de desidia social en que vivía la mujer –no hay que olvidar que la mujer en el siglo V no tenía lugar en la vida pública y vivía tan recluída como las mujeres árabes de hoy– y ante la ley estaba mal considerada como sus compañeras asirias o babilónicas, como ha señalado V. Gordon Childe. Por otro lado,

# Sobre el origen de la tragedia

Tenemos que recurrir ahora a la ayuda de todos los principios artísticos examinados hasta este momento para orientarnos dentro del laberinto, pues así es como tenemos que designar el «orígen de la tragedia griega». Pienso que no hago una afirmación disparatada al decir que hasta ahora el problema de ese origen no ha sido ni siquiera planteado en serio, y mucho menos ha sido resuelto, aunque con mucha frecuencia los jirones flotantes de la tradición antigua hayan sido ya cosidos y combinados entre sí, y luego hayan vuelto a ser desgarrados. Esa tradición nos dice resueltamente «que la tragedia surgió del coro trágico» y que en su origen era únicamente coro y nada más que coro: de lo cual sacamos nosotros la obligación de penetrar con la mirada hasta el corazón de ese coro trágico, que el auténtico drama primordial, sin dejarnos contentar de alguna manera con las frases retóricas corrientes –que dicen que el coro es el espectador ideal, o que está destinado a representar al pueblo frente a la religión principesca de la escena–. Esta última explicación, que a más de un político le parece sublime –como si la inmutable ley moral estuviese representada por los democráticos atenienses en el coro popular, el cual tendría siempre razón, por encima de las extralimitaciones y desenfrenos pasionales de los reyes– acaso venga sugerida por una frase de Aristóteles: pero carece de influjo sobre la formación originaria de la tragedia, ya que de aquellos orígenes puramente religiosos está excluida toda antítesis entre pueblo y príncipe, y, en general, cualquiera esfera político-social; pero además, con respecto a la forma clásica del coro en Ésquilo y en Sófocles conocida por nosotros, consideraríamos una blasfemia hablar de que aquí hay un presentimiento de una «representación constitucional del pueblo», blasfemia ante la que otros no se han arredrado. Una representación popular del pueblo no la conocen «in praxi» (en la práctica) las constituciones políticas antiguas, y, como puede esperarse, tampoco la han «presentido» siquiera en su tragedia.

*Friedrich Nietzsche*

la ciudadanía era un privilegio hereditario de la cual se excluía los residentes extranjeros de manera rigurosísima. La industria se apoyaba en la esclavitud. Incluso el más humilde de los campesinos tenía derecho a dos esclavos. La mayoría de los trabajadores de las minas, de las fábricas y los polícias eran esclavos. A todos ellos va dedicada *Las Bacantes* y también *Medea,* y, en parte, *Las Troyanas,* en donde los vencidos son tratados con un respeto que ya había iniciado de manera sorprendente Esquilo en *Los Persas. Ifigenia en Aulide* es otro de los grandes textos de la Antigüedad. En él Eurípides aventura otra lectura del ciclo de Argos. Agamenón ha decidido matar a su hija Ifigenia y Clitemnestra acude engañada con su hija al campo aqueo donde Agamenón ha dicho que casará a Ifigenia con Aquiles. Cuando Clitemnestra se da cuenta del engaño y de que Agamenón es capaz de matar a su hija para tener buenos vientos que le lleven a Troya, es lógico que le odie para siempre y que cuando regrese de Troya no piense sino en matarlo. Es una lectura mucho más adulta de la historia; no hay buenos ni malos, hay seres heridos y ajustes de cuentas. También Egisto, el amante de Clitemnestra, tiene que vengar, en la figura de Agamenón, antiguos oprobios recibidos en su familia; y esto lo recordaría en una posición paralela a la de Eurípides, el espléndido Séneca (4 a.C.-65 d.C.), que si bien era hijo de un famoso político, no hay que olvidar que nació en Córdoba, en la provincia oprimida, y en sus respuestas romanas a los grandes mitos trágicos griegos, en su *Las Troyanas, Medea, Agamenón, Tiestes,* toma siempre el partido del perdedor. Se ha dicho que el teatro de Séneca no estaba escrito para ser representado; nada de eso, sus obras que justo ahora se están descubriendo en el teatro, son de una valentía y emotividad extraordinarias.

La tragedia como gran forma no vuelve a conseguir un texto de alta categoría hasta Cervantes (1547-1616) en su admirable *Numancia* considerada como la mejor tragedia del siglo XVI español y posiblemente como la única tragedia del teatro en lengua castellana. Cervantes recupera no sólo el sentido heróico, sino la coralidad de la tragedia esquileana, y cambia considerablemente de signo el sentido del destino, la fatalidad aquí es el romano agresor. La resistencia del pueblo de Numancia es la afirmación de su libertad y de su identidad como pueblo. Esta obra bellísima ha sido reelaborada por Jean-Louis Barrault en 1937 como respuesta a las aportaciones del Frente Popular francés, y por Rafael Alberti y M.ª Teresa León durante la guerra civil española, sirviéndose de ella como pieza clave de su «teatro de guerrilla».

En Francia François-Marie Arouet, Voltaire (1694-1778), serviría como gran precursor de lo que se ha convenido en llamar la tragedia burguesa. Se atuvo de manera deliberada al principio fundamental del siglo clásico francés que era seguir a rajatabla las leyes de las tres unidades y el principio de que para que la obra de teatro fuera verosímil, su acción se tenía que desarrollar en un lapso de tres horas, sin escapar nunca de los límites geográficos de un palacio, llegando a burlarse sarcásticamente de Shakespeare, porque trasladaba sus personajes de un lugar a otro del que les separaban unas 500 millas. Voltaire está a punto de convertir la forma de la tragedia en pura fórmula, pero el teatro francés tuvo la gran suerte de encontrar dos grandes creadores verbales que recuperaron la fuerza del teatro y la grandeza de la antigua tragedia. Pierre Corneille (1606-1684) y Jean Racine (1639-1699) habían cultivado un teatro de afirmación del poder real. Corneille representa sus mejores obras cuando Luis XVI sube al trono y la esencia de sus tragedias, en las que hay que destacar *El Cid, Cinna, Horacio* y *Polyeucte,* se basa en los valores morales, intelectuales, sociales, religiosos que sostiene la sociedad aristocrática, o que, como mínimo, se supone que deben de sostener. Racine, que trabaja ya en pleno reinado de Luis XIV, presenta unos valores más deteriorados, más degradados, más humanizados. Sus héroes son personas destrozadas, víctimas de un orden social, de una actitud moral contra el que se debaten desesperadamente. No es de extrañar que el teatro de Racine sea un teatro de heroínas, Ifigenia, Fedra, Esther, Athalie. Voltaire pretendería resumir los hallazgos de sus predecesores y encontrar un camino para el teatro. Es muy curioso que dos años antes de morir, se dirija a la Academia Francesa protestando contra el creciente prestigio de Shakespeare y contra un tal Letourneur que negaba categoría poética a los trágicos franceses para valorar al gran escritor inglés. Voltaire dijo: «Imagínense ustedes, señores, a Luis XIV en su galería de Versalles, rodeado de su brillante corte; un patán cubierto de harapos (que no es, ahora, el mismo Shakespeare, sino su traductor y panegirista) se desliza por entre las filas de los héroes, de los grandes hombres y de las bellezas que forman esta corte y les insinúa la idea de que abandonen a un Corneille, un Racine y un Molière, para traspasar su admiración a un saltimbanqui, que tiene alguna que otra salida ocurrente y hace muchos viajes. ¿Cómo creen ustedes que habría sido recibida semejante insinuación?».

La obsesión de Voltaire fue siempre Shakespeare, y escribió un *Brutus* inspirado en *Julio César* y *Zaire* que recuerda muy directamente *Otelo*. Pero Voltaire no fue capaz de recoger la herencia del gran autor inglés y el teatro y el sentido de la tragedia se perdería definitivamente para Francia.

Alemania recogería no sólo la gran lección de los elisabetheanos y de su máximo representante, sino que supo replantearse el último sentido de la tragedia. Friedrich Schiller (1759-1805) adaptó la forma trágica y los presupuestos ideológicos de la misma a la Alemania de su tiempo, teniendo en cuenta muy de cerca, las bases morales propuestas por el protestantismo. En *La Doncella de Orleans* inicia el verdadero proceso de secularización de la

*Jean Racine: "Britannicus", en versión de G. Bourdet, Théâtre de la Salamandre. La espléndida visualización del Teatro de la Salamandra de la famosa obra de Racine, venía a demostrarnos cuáles son las limitaciones del teatro clásico francés y también cual es el alto nivel de fastuosidad verbal que se consiguió en esta época.*

tragedia. La heroína trágica es una simple campesina. En Cervantes había sido todo un pueblo. Aquí se personaliza en una representante de los más bajos estamentos sociales. El destino es sustituído por las voces divinas. En la espléndida trilogía *Wallenstein* (1798) por la Astrología. Todas sus tragedias históricas restantes vivifican desde las aportaciones del idealismo, los cerrados esquemas en que los franceses habían colocado la tragedia. También Goethe intenta vivificar la forma, pero sólo lo consigue de manera muy tangencial en su bellísima *Ifigenia* de 1787. Su *Fausto* ya es quizá el primer gran drama de la época moderna.

En Italia, la forma trágica se convierte prácticamente siempre en una fórmula estereotipada. Sólo Vittorio Alfieri (1749-1803) consiguió auténtico aliento trágico en su *Orestes, Saul o Mirra. Orestes* se ha convertido en el gran canto italiano por la libertad, y no es de extrañar que Visconti la montara en el 49 y Gasman dos años después. Pero aparte de Alfieri, los otros autores italianos, siguen demasiado de cerca los presupuestos del *Arte Poética* de Horacio, que da pie a la idea renacentista de la tragedia. Este trabajo que fue escrito entre los años 34 y 7 a. C., es la única aportación que Roma hizo a la teoría dramática. Barrett H. Clark lo califica como «un manual algo arbitrario» en el que su mayor importancia «debe atribuirse al aspecto puramente formal del estilo, el dramaturgo debe adherirse estrictamente a los cinco actos, al coro, etc., no deben descuidarse la proporción, el buen sentido, el decoro.» De hecho la única aportación interesante de Horacio es esta curiosísima idea del «decoro» en virtud de la cual los crímenes no podían ser mostrados en escena, las acciones indecorosas eran «sólo adecuadas para representarse tras la escena», y esta peregrina teoría tuvo efectos desastrosos sobre la tragedia italiana y francesa. Es curioso que hasta un siglo después de Corneille no haya un autor que se atreva en Francia a enseñar un crimen en escena. Gresset lo hizo en 1740 y Voltaire tuvo la valentía de seguirle en su obra *Mahomet.*

Después del XVIII la tragedia va perdiendo incidencia en el teatro europeo. Sólo algunas dramáticas que tienen necesidad de encontrar su identidad, ensayan la forma trágica. En Cataluña Angel Guimerá (1845-1924) intentó escribir tragedias, pero se quedó siempre a medio camino. Todos los autores dialectales y los escritores teatrales de las repúblicas sudamericanas, ensayan la tragedia. Tener acceso a la forma trágica da la posibilidad de ser admitido en la gran sociedad del teatro, en lo que, parafraseando a André Malraux, podríamos llamar el gran museo imaginario del teatro. De hecho sólo Norteamérica encuentra en la figura de Eugene O'Neill (1888-1953) una nueva posibilidad de revitalización de la forma trágica. *El luto sienta bien a Electra* es una espléndida reconsideración, a escala norteamericana, de *La Orestíada* esquileana. Tambien en *El Emperador Jones* hay elementos que nos recuerdan la grandeza de los grandes monólogos trágicos y en *El deseo bajo los olmos* se reencuentra la atmósfera obsesiva característica de los mejores momentos de la forma trágica. La fuerza de ese país en formación, el genio de O'Neill, dan pie a que Norteamérica encuentre su personalidad a través del gran aliento trágico. Arthur Miller (1915) lo desarrollará, a menor escala, en *La Muerte de un viajante* (1949) y, sobretodo, en *Panorama desde el puente* (1955) en donde se atreverá a buscar técnicas narrativas directamente surgidas de la tragedia. Tennessee Williams (1914) seguiría usando el sentido del coro trágico y del corifeo renovándolo con intuiciones extraordinarias como sucede en *Un tranvía llamado deseo, Orfeo defiende y Dulce pájaro de juventud.* Pero cabrá preguntarse si la tragedia es posible en nuestro mundo actual. Leo Kofler (1907), en *Arte abstracto y Literatura del absurdo*, se pregunta «¿son posibles las tragedias en la actualidad?» y aunque opine que es posible y que se oponga a Hans Mayer que afirma que en nuestra época no pueden existir tragedias auténticas, el hecho es que los autores del siglo XX, a excepción de Samuel Beckett y del Ionesco de *Las Sillas*, no se atreven a hacer un replanteo de la gran forma trágica. El hecho es que en teatro después de O'Neill no ha habido un intento tan adulto de reasumir la tragedia como ha hecho en el cine Teodor Angelopulos (1936) que en *El viaje de los comediantes* explica el mito de los Atridas a través de la historia griega del 39 al 52 con una grandeza y una capacidad de creación, de atmósfera trágica que convierten esta obra en un gran momento de la cultura contemporánea, ya no sólo de la cinematográfica, y viene a demostrar que la tragedia sí es posible en la actualidad.

Conviene tener en cuenta que la forma de la tragedia

choca ideológicamente con los presupuestos políticos que dan pie a la Revolución Rusa y al marxismo en general. No es extraño que la gran obsesión de Brecht fuera la destrucción de los presupuestos de la forma trágica. El camino había empezado ya en *La paradoja del comediante* de Diderot y sobretodo en *La Dramaturgia de Hamburgo* (1766) de Lessing, en donde se plantea un teatro para la burgesía y en donde se llega a afirmar que el centro de la tragedia debe pasar del escenario al espectador. Lessing quiso demostrar en esta obra que el clasicismo francés que pretendía ser un seguidor de la tragedia clásica griega no era tal sucesor y llega a afirmar que el sucesor verdadero y calificado de la tragedia clásica griega es Shakespeare y nunca Corneille, Racine o Voltaire. Brecht hizo una rotura total con la tradición aristotélica del drama y despreció absolutamente la teoría de la catarsis aristotélica. El público descontractado no acepta el drama como purga y el espectador no se identifica con la acción enseñada, sino que muestra su sorpresa frente a la misma y lanza una mirada crítica sobre lo que se le va diciendo desde el escenario. Como es lógico la dramaturgia soviética intentaría destruir el espíritu de la tragedia. Vsevolod V. Vichnievski en su obra *La tragedia optimista* destruye los presupuestos inmobilistas de la tragedia, mostrándonos a unos hombres que saliendo del zarismo toman conciencia de su situación y dialogan con el destino, como lo hacen los héroes de Sófocles. Pero Vichnievski intenta superar el espíritu clásico demostrándonos que la muerte ya no es un símbolo del fracaso humano y pretende demostrar que esta muerte es fecunda y se convierte en un elemento de optimismo colectivo. Esta obra admirable ha sido montada por los grandes directores del campo socialista desde Tovstonógov en Leningrado a Peter Palitzsch y Manfred Wekweerth en el Berliner Ensemble.

*OTRAS FORMAS.*

Según unos autores Aristóteles no se ocupó de la comedia, según otros en la segunda parte del *Arte Poética* se refería de esta gran forma, pero esta parte se perdió. Ya nos hemos ocupado con extensión de una de las epifanías de la comedia, la "dell'arte". La forma de la comedia literaria encuentra su maximo exponente en Aristófanes (448-380) quien en *La Paz, Lisístrata y La Asamblea de las mujeres*, desarrolla un análisis de la situación política del momento en que vive, de una valentía y una adultez admirables. Como ha dicho Georg Brandes la comedia aristofánica con su estructura técnica, exacta y majestuosa, es «la expresión de la cultura artística de toda una nación» pero de hecho los elementos de construcción de la comedia son prácticamente los mismos que los de la tragedia. Simplemente se produce el hecho de que la comedia no tiene la desgracia de encontrarse con los errores de comprensión teóricos que impidieron el desarrollo estético de la tragedia. Menandro (342-291 a.C), Plauto (254-184 a.C) y Terencio (190-159 a.C) ampliaron los presupuestos formales de la comedia, pero no añadieron ningún componente estético político o sociológico a lo que ya había hecho Aristófanes. En la Edad Media la comedia se pone al lado de las capas sociales que luchan por debilitar la estructura del feudalismo. La farsa *Maese Patelin* (1470) es la primera pieza realista de la nueva era teatral. Esa era que en Italia dará un teatro admirable en la figura de Niccolò Maquiavelo (1469-1527). *La Mandrágora* es una de las obras más descaradas, valientes y destructoras que se han escrito nunca, y como dice Howard Lawson «Las piezas de Maquiavelo son importantes, pero su mayor merecimiento para ocupar un lugar en la historia dramática radica en el hecho de que cristalizó la moral y los sentimientos de su época; aplicó ese sistema de ideas al teatro; su influencia se extendió por Europa y tuvo un efecto directo sobre los isabelinos.»

Ludovico Ariosto (1474-1533) y Pietro Aretino (1492-1556) fueron contemporáneos de Maquiavelo. Los tres ayudaron a liberar la comedia de las restricciones clásicas. Aretino y Maquiavelo retrataron la vida de su época con tal brutalidad e ironía que parecen sorprendentemente modernos. «Muestro a los hombres como son –dijo Aretino– no como deben ser». Estas palabras iniciaron una nueva era en el teatro. El intento de «mostrar a los hombres como son», ha seguido una trayectoria definida desde Aretino y Maquiavelo hasta el teatro de Ibsen y el de nuestros días.

Jean-Baptiste Poquelin, Molière (1622-1673), reencuentra la grandeza aristofánica en sus grandes textos. Molière, de manera parecida a como lo había hecho Shakespeare, se salta todas las reglas del juego que siguieron sus compañeros trágicos Racine y Corneille. Su teatro es un teatro de gran libertad que pone las bases de la nueva sociedad burguesa frente al poder real. Molière une la grandeza de la *Comedia dell'Arte* con la voluntad desmitificadora de un Maquiavelo o de un Plauto. Es interesante comparar *Anfitrión* del autor latino con el de Molière para corroborar el grado de corrosividad sarcástica que fue capaz de usar Molière. Con todo quizá la gran aportación de Molière sea *Don Juan*, en donde el mito surgido en España adquiere unas dimensiones de destrución metafísica, de capacidad de última negación de presupuestos, que nunca hubiera sido posible en la España dominada por la Inquisición. Esa corrosividad, esa fuerza destructora sólo la reencontraremos en algunos momentos de Fernand Crommleynck (1885-1970) (*El magnífico cornudo,* 1920), Arthur Schinitzler (1862-1931) (*Anatol,* 1893), y Darío Fo (*Muerte accidental de un anarquista*).

*DRAMA ELISABETHEANO.*

Hablar de drama elisabetheano no comporta, como normalmente se hace, referirse exclusivamente a Shakespeare, pues en la era de la Reina Elisabeth (1558-1603) coinciden tantos creadores de gran categoría que parece imposible que tanta capacidad de creación y tanta genialidad hayan coincidido. Evidentemente, Shakespeare es el máximo exponente. Los autores elisabetheanos escriben tragedias, al menos así las clasifican, escriben comedias, pero de hecho, como por fortuna no siguen ninguno de los presupuestos establecidos por los teóricos que los han precedido, ponen las bases del drama moderno y crean la obra basada en la estructura en escenas, en secuencias, en trancos, frente a la construcción falsamente arquitectónica llevada a cabo por los seguidores de Aristóteles. El drama elisabetheano, máxima expresión de lo que hemos convenido en llamar nueva era, reencuentra los fastos y los sarcasmos de un Maquiavelo. Y afirma una fe ilimitada en la capacidad del hombre para actuar, conocer y sentir. De hecho el Renacimiento que Italia será capaz de llevar a cabo en la plástica, en la arquitectura y en la poesía, sólo se realiza a través del teatro en Inglaterra. Por eso pensamos que es muy penetrante todo lo que Borges ha escrito sobre Shakespeare: «Es curioso –no creo que esto haya sido observado hasta ahora– que los países hayan elegido individuos que no se parecen demasiado a ellos. Uno piensa, por ejemplo, que Inglaterra hubiera elegido al doctor Jhonson como representante; pero no, Inglaterra ha elegido a Shakespeare y Shakespeare es –digamoslo así– el menos inglés de los escritores ingleses. Lo típico de Inglaterra es el «understatement», es el decir un poco menos de las cosas. En cambio, Shakespeare tendía a la hipérbole en la metáfora, y no nos sorprendería nada que Shakespeare hubiera sido italiano o judío, por ejemplo». Realmente Shakespeare en algunas de su obras fue italiano, y no es extraño que algunos directores actuales de Italia tiendan a retrotaerlo a su tradición. Pero también podría ser judío, o italiano y judío a la vez, o aún más, italiano, judío e inglés, que no deja de ser una mezcla explosiva y apasionante. El genio de Shakespeare es un misterio, tan grande como lo es el de Eurípides, el de Kleist de *Pentesilea* o de *El Principe de Homburg,* el de prácticamente todo Büchner, o el *Don Juan* de Molière o *La Celestina* de Rojas. Pero lo curioso es que Shakespeare cuando escribe tragedia saltándose a la torera los preceptos aristotélicos, cuando escribe comedia prescindiendo de la tradición al uso pero nunca de la comedia italiana del Arte, siempre mantiene el mismo nivel en prácticamente toda su producción. En Shakespeare prácticamente no hay ni una sola caída de nivel. ¿Había detrás de Shakespeare un equipo de escritores que utilizaban un personaje que llevaba este nombre para dar unos toques de atención a la Reina y emitir unos muy concretos mensajes políticos? El genio de Shakespeare, la personalidad de ese tipo de artista llamado eterno, dan pie, como su teatro, a todas las lecturas, a todas las interpretaciones. Shakespeare cree en la capacidad del hombre para seguir adelante, para dominar su medio, pase lo que pase. El lo dice con palabras maravillosas, con un torrente verbal desenfrenado cuyas imágenes sirven para completar el esquematismo de la escenográfia usada por el teatro elisabetheano. De aquí que Orson Welles cuando ha visualizado para el cine los grandes textos shakespeareanos, ha tenido la genialidad de traducir en imagen cinematográfica la riqueza de la imagen poética. Welles y Jan Kott (autor del ensayo *Shakespeare nuestro contemporáneo*) son posiblemente las dos aproximaciones más certeras que las segunda mitad del siglo XX ha hecho a Shakespeare, el aplicador de la filosofía de la historia, el creador de un teatro nacional y el introductor del sentido del tiempo en la narrativa teatral.

Su gran obsesión es la ambición personal como motor

impulsor de la historia y como peligro de la misma. Ya Cristopher Marlowe (1564-1593) en *Tamerlán el Grande* y en *El doctor Fausto*, analizaría la fuerza que comporta la ambición; ambición de poder material o de sabiduría, última forma, quizás la más refinada, de poder. Shakespeare es tan italiano que es el más directo sucesor de Maquiavelo, y, como dice Howard Lawson: «Mientras los griegos se preocuparon sólo por las consecuencias de violar una ley social aceptada, los isabelinos insistían en buscar las causas, en probar la validez de la ley respecto al individuo. Por primera vez en la historia del teatro, el drama reconoció la *fluidez* del carácter, el fortalecimiento y la destrucción de la voluntad. Esto trajo como consecuencia la extensión de la trama. En vez de comenzar en el clímax, fue necesario comenzar la historia por el primer punto posible. La psicología shakesperiana fue una clara ruptura con el medioevo, y expresaba directamente las responsabilidades y relaciones que caracterizarían el nuevo sistema económico». En el drama elisabetheano confluye el misterio medieval, la moralidad, la farsa arlequinesca, los dramas latinos y las traducciones de las tragedias griegas, sin olvidar a Plauto y a los eufuístas; pero la aportación máxima es el sentido de la crónica histórica, que Marlowe desarrollaría recogiendo la gran tendencia española a reflexionar sobre la Historia. La síntesis de todos estos elementos produce un dinamismo que a través de Thomas Kyd (1558-1594), Georges Peele (1556-1596), Robert Greene (1558-1592), el mencionado Marlowe, sin olvidar a Ben Jonson (1573-1637), John Webster (1580-1625), Cyril Tournéur (1575-1626), Francis Beaumont (1584-1616) o John Fletcher (1579-1625), aniquilaría para siempre los oscuros tiempos de la Edad Media.

## *EL DRAMA ESPAÑOL*

Formalmente el Drama Español no guarda grandes diferencias en relación al drama elisabetheano. Pierde dinamismo y capacidad crítica. No es precisamente el talento lo que falta a los cultivadores de la forma del drama castellano, pero las producciones de este teatro van perdiendo frescura y agilidad narrativa a medida que los tiempos van avanzando. Bartolomé Torres Naharro (1476-1531) publica en 1517 una serie de comedias que llama *Propalladia* que prologa con un «Prohemio» donde teoriza sobre la comedia, tendiendo a repetir los esquemas clásicos, y afirma que la comedia trata de los avatares privados de los ciudadanos. Y tiende a caracterizar la comedia en términos muy análogos de los que había hecho Cicerón, copia de la vida, espejo de las constumbres e imagen de la verdad. De hecho no hay elementos teóricos nuevos, sólo algunos cambios estructurales, pues si la comedia tenía cuatro momentos fundamentales, él opina que le bastan sólo dos elementos, el introito y el argumento, para poderse realizar. De todas formas frente a Horacio que preconizaba que hubiera cuatro interlocutores en las situaciones dramáticas, Naharro opina que «el número de personas que se han de introducir es mi voto que no deban ser tan pocas que parezca la fiesta sorda, ni tantas que engendre confusión; que en nuestra comedia *Tinnellaria* se introdujeron pasadas veinte personas porque el sujeto de ellas no quiso menos, el honesto número me parece que sea de 6 hasta 12 personas». También Lope de Vega (1562-1635) escribe un tratado de teoría teatral *Arte Nuevo de hacer Comedias* (1609), de mucha mayor ambición pero escrito con prisas y sin demasiado rigor intelectual. El elemento más positivo es que preconiza una gran libertad creadora para el artista y se desentiende de la rigidez de la preceptiva antigua. Defiende la mezcla de elementos, lo trágico y lo cómico, y la mezcla de clases sociales, la nobleza y los villanos. De ahí el esquema cruzado usado en su narrativa teatral, dama -galán, siempre de origen noble, y doncella-criado; el rey puede alternar con el gracioso y, si se tercia, con la pastora. Se despreocupa de las unidades de lugar y tiempo y, de hecho, tampoco usa la unidad de acción pues acostumbra a contrapuntear la historia básica con infinitud de episodios secundarios. Opina que hay que acomodar la forma métrica a los temas expresados, soneto para la espera, redondillas para el amor, décimas para las quejas, etc., y sobretodo habilidad, habilidad y habilidad, y siempre intentar agradar al pueblo. Es muy curioso el tono irónico que emplea en su tratado teórico, parece que nos venga a decir que nadie debe tomarse en serio lo que él preconiza, de la misma manera que prescinde tanto cuanto quiere de lo que dijeron los clásicos. A pesar de que Lope de Vega prefiere agradar al pueblo más que a la Corte, a la Academia o a los intelectuales, a pesar de que han habido dos esplédidos momentos de auténtico teatro popular: Gil Vicente (1465-1536) y Lope de Rueda (1505-1565) que preparan el camino a Lope de Vega, sobretodo en el *Don Duardos* de Gil Vicente, el hecho es que el teatro, como prácticamente toda la literatura del barroco español, se va convirtiendo en una máscara, como muy acertadamente ha señalado Borges: «La literatura española.... trataré de decirlo cortésmente: empieza espléndidamente con los romances, que son realmente lindísimos. Luego vienen escritores admirables, como Fray Luis de León, que para mí sigue siendo el mejor poeta castellano, y San Juan de la Cruz. Y así llegamos al *Quijote* que creo que es un libro realmente inagotable, sobretodo la segunda parte. Pero después ocurre algo que ya se nota en dos hombres de genio, como lo son Quevedo y Góngora: todo se torna rígido. Uno tiene la impresión de que ya no hay caras, sino máscaras. La culminación de este fenómeno se da en Baltasar Gracián, donde no se siente ninguna pasión ni sensibilidad. Es un mero juego de formas». Esa rigidez, ese puro conjunto de formas, o mejor dicho de fórmulas se hace aún más patente en el teatro castellano. Se podrían encontrar muchas explicaciones y tampoco ahí los críticos se ponen demasiado de acuerdo. Normalmente se tiende a rehuir el problema. La crítica universitaria española suele ser reverencialista, tiende a valorar demasiado y a temer una crítica en profundidad. En las conversaciones que han tenido lugar en los Festivales de Almagro (1979-1981) en donde se han puesto en contacto las gentes del teatro español y los estudiosos del mismo, se han hecho patentes las dificultades que hay para fundir el trabajo de investigación universitaria con la praxis teatral. La falta de facultades de ciencias teatrales en nuestro país se está notando cada vez más, y los cuarenta años de entronización de valores como Calderón, nos referimos a los años del franquismo, han hecho mucho daño. El franquismo recogió, a nivel de valoración de la gran dramaturgia hispánica, los elementos puestos en marcha por Menéndez y Pelayo en las conferencias que dio en el Círculo de la Unión Católica el año 1881. Don Marcelino convirtió a Calderón de la Barca (1600-1681) en el máximo símbolo de la España nacional-católica, en el gran mito de la derecha historiográfica de la restauración, como ha señalado muy acertadamente Ricardo García Cárcel. Frente a esta actitud, la Institución Libre de Enseñanza, la escasa historiografía de izquierda del país, tendió a valorar a Lope por encima de Calderón. La Generación del 98 respetó *La Vida es sueño*, pero se desentendió de otros grandes títulos del maestro. Hubo que esperar a la Generación del 27 para que se valorara Calderón, como se hizo con Luís de Góngora. García Lorca montó con la Compañia Universitaria La Barraca, «La vida es sueño». Alberti y Miguel Hernández intentaron escribir autos sacramentales, Bergamín valoró la densidad filosófica del teatro de Calderón, pero esa benéfica actitud se diluiría con la guerra civil, y después del 39 reinaría el espectro de Don Marcelino y en los teatros nacionales del franquismo se tendió a valorar las obras clásicas adaptándolas burdamente y tendiendo a montar las más insignificantes; *Fuenteovejuna*, por ejemplo, es un título que se representa escasísimas veces. Las puestas en escena de los directores al uso en el período franquista, tienden a exasperar la rigidez ya excesiva del propio teatro castellano. Con todo, cada vez la figura de Calderón de la Barca se va imponiendo de una manera más radical y decidida, sobre la de Lope. Sin duda ninguna, él es el gran autor de todo nuestro teatro, autor incómodo, autor duro, pero de una categoría realmente excepcional. Como dijo Goethe «sus obras son totalmente representables y no existe en ellas ningún trazo que no fuera calculado para lograr el efecto previsto. Calderón es el genio que, al mismo tiempo, tuvo la mayor inteligencia». Sin duda ninguna los grandes autores del romanticismo alemán que se entusiasmaron con Calderón y, por extensión, con Lope, tuvieron toda la razón del mundo. Franz Grillparzer (1791-1872) introdujo a nuestros grandes autores en el ámbito de lengua alemana. El mismo escribió variantes como *El sueño, una vida, La judía de Toledo*, inspiradas respectivamente en obras de Calderón y Lope. Kleist hizo un gran homenaje a *La vida es sueño* en su *El principe de Homburg*. Hugo von Hofmannsthal (1874-1929) tradujo *El gran teatro del mundo* que representó en Salzburg en el año 1922. De hecho hizo una recreación del gran texto calderoniano titulado *Das Salzburger grosse Welttheater*. En el teatro español no hay el misterio que encontramos en el teatro elisabetheano, no hay nada que se parezca ni remotamente a estos versos de *Macbeth*: «y todos nuestros ayeres han alumbrado estúpidamente / el camino a la polvorienta muerte. ¡Fuera, fuera, candela efímera! / La vida es sólo una sombra caminante; un mal actor / que se pavonea y se agita por la escena / y luego no se le oye más: es un cuento / contado por un idiota, lleno de ruido y furia / que no significa nada...» No hay parangón posible a ese desesperado

*"Doña Rosita la soltera o el lenguaje de las flores" de Federico García Lorca bajo la dirección de Siegfried Höchst y Horst Sagert por el Deutsches Theater de Berlín, Venecia, 1971. En la plástica colaboró José Renau creando uno de los climas poéticos más originales y bellos a los que ha dado pie una obra de Lorca.*

canto al amor, al amor incestuoso para más detalles que comporta *Lástima que seas una puta*, de John Ford (1586-1639), o al estudio de la pasión que encontramos en *Arden of Feversham*. El teatro español es un teatro escrito bajo la férula de la Inquisición, aunque historiadores como Margot Berthold se orienten a minusvalorar la influencia destructora de la Inquisición, el hecho es que el temor a enfrentarse con el poder está presente en todo el teatro español. Incluso alguno de los mejores textos de Lope, mejoran si se les corta el final convencional en el que la justicia real lo arregla todo. García Lorca, en su Barraca, cortó el final de *El Caballero de Olmedo* de Lope.

También conocemos algunas versiones de *Fuenteovejuna* en donde el final fue eliminado.

Cabe preguntarse si no habría que hacer una operación dramatúrgica paralela, por el ejemplo, con el final del espléndido *El concierto de San Ovidio* de Antonio Buero Vallejo (1916). Es una constante que los grandes autores teatrales españoles Guillén de Castro (1569-1630); Tirso de Molina (1584-1648); Vélez de Guevara, (1579-1644); Ruíz de Alarcón, (1580-1639); Agustín Moreto (1618-1669) o Rojas Zorrilla (1607-1648) no entran nunca en conflicto con el poder y es muy fácil detectar el miedo expresivo, la autocensura. Por eso el máximo nivel de categoría se alcanza en Calderón pues él se confundió, en su anécdota personal y en su condición, de creador con los deseos, sueños y preocupaciones de su rey. Sobre este particular García Carcel afirma: «Pero la propia fidelidad a la monarquía hizo que Calderón siquiera el sinuoso itinerario en el poder, al cual en todo momento sirvió. Los que hoy quieren contraponer un Calderón liberal al Calderón portavoz de Olivares, ignoran la evolución del dramaturgo a caballo de las peripecias de la monarquía española. Así, pasó de la euforia imperial de la toma de Breda o las primeras victorias de las Guerras de Treinta Años al profundo desencanto posterior a la caída de Olivares el 1643 y de aquí a la ascética serenidad de los años 50». No olvidemos que cuando la sublevación catalana de 1640 Felipe IV llamó a los Caballeros de la Orden de Santiago, a la que pertenecía el gran autor. El rey al ver que Calderón estaba decidido a entrar en la lucha le hizo un encargo para el Teatro del Buen Retiro. Calderón acabó el encargo en ocho días y partió para el campo de batalla. El problema del honor tan debatido viene a ser una especie de lugar común. Hay quien afirma que el honor del teatro español era como un juego formal, como el ajedrez. En el fondo nadie se lo creía y Calderón aún menos. Por eso no es de extrañar que nuestras grandes obras mejoren al ser traducidas y, sobretodo cuando son adaptadas a otras dramáticas, por ejemplo así sucede con las versiones que Goldoni y Corneille hacen de *La verdad sospechada* de Juan Ruiz de Alarcón, Corneille con las *Mocedades del Cid,* de Guillén de Castro, y nos volveremos a referir al caso de *Don Juan,* de Molière, en relación con *El burlador de Sevilla y convidado de piedra,* de Tirso de Molina. ¿Es que siempre los autores extranjeros son mejores que los españoles? ¿o es que sencillamente se producen climas de libertad de expresión infinitamente superiores? Por el contrario las obras de Calderón no suelen ganar al ser trasvasadas. Paul Claudel (1868-1955) es, para algunos autores, el gran continuador de los fastos del teatro español. *El zapato de raso,* por ejemplo, lleva el subtítulo de *auto español.* La forma del teatro castellano encontraría en Claudel y, en parte, en Herny de Montherlant(1896-1972), unos sucesores de las rigideces formales castellanas. Por el contrario Ramon María del Valle Inclán (1866-1936) y Federico García Lorca, intentaron prescindir de los formulismos de sus maestros. Valle se orientó más hacia Goya y Quevedo que hacia los clásicos teatrales, y Lorca, que sí siguió muy fielmente a los clásicos, intentó ir más allá de los esquemas formales del drama español y ensayó la tragedia, ese hecho estético insólito en nuestro panorama teatral. Lo conseguiría, en parte en *Yerma,* y con mayor perfección, en *La casa de Bernarda Alba.* Pero la muerte le llegaría a los 38 años.

## *DRAMA ROMANTICO*

El drama romántico es, como forma, el de más difícil configuración. Para algunos tratadistas es una continuación de la forma de la tragedia con intromisiones del melodrama. Sucede de todas formas que el drama romántico francés nada tiene que ver con el verdadero drama romántico que, a nuestro entender, es el alemán. El máximo ejemplo de drama romántico sería el *Fausto* de Goethe y, en cierto sentido, y como respuesta húngara al mismo *La Tragedia del Hombre* de Imre Madách (1823-1864). Pero *Fausto* es una obra que supera todo tipo de clasificaciones, está más allá de formas y de fórmulas, es un monumento aparte, como en cierto aspecto también lo es *La tragedia del hombre.* Fuera de Alemania se considera como drama romántico todo lo que se mueve en el ámbito de la fantasía, de la evasión en el tiempo y en el espacio, de la fábula, de la leyenda, del mito, de la historia medieval. Dentro del drama romántico propiamente dicho y, concretamente, el alemán, «los mayores merecimientos –afirma Melchinguer– son las traducciones, sobretodo de Shakespeare y de Calderón. Apenas cabría objetar que la obra dramática de algunos románticos, como Kleist y Grillparzer han cobrado altísima significación y no sólo para el repertorio alemán. Lo que en ellos es romántico no son ni siquiera los axiomas (ambos poetas fueron más bien colaterales respecto al gran movimiento romántico), sino las formas expresivas anticlásicas de su personalidad poética respectiva, con que acuñaron sus figuras, sin que empero abandonaran el ideal de la forma clásica». Tal vez el máximo representante del teatro romántico alemán sea *El Príncipe de Homburg* y *Pentesilea* de Heinrich von Kleist, pero si aplicáramos a estas obras los esquemas que definen el drama romántico francés, italiano y español, encontraríamos que no tienen nada que ver con Víctor Hugo (1802-1885) o el Duque de Rivas (1791-1865). ¿Son obras románticas *Leoncio y Lena,* Woyzzec, de Georg Büchner (1813-1837)? Para nosostros sí lo son, pero tampoco estas piezas encajan con los esquemas románticos al uso. En el fondo, hay que decir la verdad, estos autores son un antecedente del gran drama realista épico, y tienen la genialidad de recoger las intuiciones de Lessing y llevarlas adelante. Sus piezas son dinámicas, son un prodigio de sentimentalismo, pero un sentimentalismo al uso, que no excluye nunca la lucha por el poder, la ambición o el análisis de la historia. *La muerte de Danton,* de Büchner, es el mejor análisis del desencanto de la izquierda liberal burguesa. Estos autores se adelantaron a su tiempo y no se les perdonó su genialidad, y su lugar vendría a ser ocupado por autores de gran talento a veces en otros campos, pero enfáticos y formalistas cuando escribían teatro pretendidamente romántico. Este es el caso de Víctor Hugo y de los autores del romanticismo español. Como afirma Borges, España durante el período romántico, «sirve para inspirar a todo el mundo menos a los españoles. Solamente queda Bécquer: una réplica débil del primer Heine...» ¿Qué nos queda del teatro romántico español, *Don Juan Tenorio*? En Francia sucede algo parecido, pero al menos allí queda Musset (1810-1857). Pero él también se adelantó a su época y sus obras se representaron mal y muy tardíamente. *Lorenzaccio* (1834), personaje del romanticismo tardío, es una lúcida reflexión sobre la autodestrucción. También Musset se adelantaría como habían hecho Kleist y Büchner, más de un siglo en su época en niveles de «imaginación teatral». Los tres partirían directamente de Shakespeare, de la estructura en escenas, sobretodo los alemanes, y de la convicción de que el tiempo es aprehensible en el teatro y el único elemento capaz de mostrar a través de él, la destrucción de los personajes. El tiempo es destrucción y la degradación de los personajes sólo es posible mostrarla a través del tiempo. Percy Bysshe Shelley (1792-1822), partiendo de la reflexión metafísica de *Fausto,* escribe *Prometeo liberado* (1820), quizá una de las afirmaciones más excelsas de la libertad del hombre y de su lucha contra los principios del mal, meditación que repetiría en *Los Cenci.* George Gordon Byron (1788-1824), revitalizó el sentido de la tragedia, volviendo a la simplicidad de los clásicos griegos y alejándose de los que Shakespeare entendía por tragedia. Su teatro tampoco sería aceptado en su época, y aún hoy en día se representa con dificultad.

## *PIEZA BIEN HECHA*

La burguesía después de 1830 pone en marcha un teatro a su imagen y semejanza para que le divierta, pero no espera sino que el lenguaje teatral se ponga absolutamente a su servicio, que la reafirme en el poder. Los autores que se ponen a su servicio no saben crear una forma, y surge la fórmula de la pieza bien hecha, que no es más que la reducción burguesa de los presupuestos del teatro clásico francés, con sus tres unidades, rigurosamente seguidas, y, de hecho, con un sólo tema: el quién engaña a quién en el matrimonio. Los autores de la pieza bien hecha, son unos industriales del entretenimiento, suelen ser malos escritores pero saben construir perfectos mecanismos de relojería teatral, grandes piezas de orfebrería en el que el suspense es usado con gran habilidad. Esta fórmula es la más retrógrada de todas las que ha creado la raza blanca, entre *Divorciémonos,* de Sardou, y *La pequeña cabaña,* de André Roussin (1911), no hay prácticamente ninguna diferencia formal, como no la hay entre Jacinto Benavente (1866-1954), Alfonso Paso (1926-1980), Alejandro Casona (1903-1965) y algunas obras de Antonio Gala (1936). Resulta inimaginable verificar que el teatro de la burguesía ha contado durante más de 150 años la misma historia, y con procedimientos paralelos. Las obras teatrales de Fraçois Sagan (1935) usan los mismos presupuestos emotivos, narrativos y políticos que las de Dumas padre. Frente a la tiranía desmesurada del teatro de la burguesía, el autor teatral, consciente de su papel como intelectual, tiene varias posibilidades, o rechazar plenamente esta fórmula y luchar al margen de los teatros profesionales, como hicie-

*Chéjov y Gorki en Yalta (5 de mayo de 1900). Las grandes aportaciones de Ibsen, que para algunos es el padre del teatro moderno, hicieron posible que autores como Chéjov y Gorki pusieran las bases de un teatro realista moderno. Mientras Gorki siguió de cerca, los modelos ibsenianos, Chéjov supo antes que él romper los esquemas narrativos de la pieza bien hecha y puso las bases de la estructura teatral narrativa del siglo XX. Siendo Chéjov más viejo que Gorki, supo ir más lejos que su alumno indirecto.*

ron Zola, Antoine, los autores del naturalismo, Alfred Jarry, Antonin Artaud, los autores del dadaísmo y del surrealismo, o usar la fórmula para ser aceptados por el poder búrgues y retrovertir ideológicamente los contenidos que habitualmente trata o plantea esta fórmula.

Es muy curioso que los grandes autores del teatro del siglo XX y de finales del XIX, alternan la utilización de esta fórmula con el intento de recuperar la grandeza Shakespeariana.

Henrik Ibsen (1828-1906) intenta primero dramas románticos, luego dos dramas filosóficos de corte shakespeariano *Brand* (1866) y *Peer Gynt* (1867), pero muy pronto entiende que si sigue por ahí nunca llegará a estrenar, y acaba escribiendo un tipo de drama que formalmente son perfectas piezas bien hechas *(Casa de muñecas, Hedda Gabbler)* en las que se produce un terrible desenmascaramiento de la sociedad. La protagonista de *Casa de muñecas* abandona el marido pero no por un amante, sino porque quiere encontrar su identidad como mujer, como ser humano. Algo parecido sucede con Strindberg (1849-1912), Pirandello (1867-1936), Sartre (1905-1980), Camus (1913-1960). Hoy en día nos interesa mucho más el Strindberg de *El sueño* o de *Eric XIV,* las obras que en su época no se representaron habitualmente, que *Señorita Julia* o *Los acreedores.* De Pirandello nos desinteresamos también progresivamente de las piezas que escribió pensando en el star-system y nos apasionamos con *Los Gigantes de la montaña* o *Esta noche se improvisa.* Con Bernard Shaw sucede lo mismo. *Candida, Pigmalión*, nos resultan casi obras menores, con toda su gran belleza, y cada vez estamos dispuestos a admirar más *Santa Juana* u *Hombre y Superhombre.* De igual manera es posible que con el tiempo los grandes textos sartrianos que se impongan sean *El diablo y el buen dios* y *Las moscas* y, *A puerta cerrada*, que es una de las más perfectas piezas bien hechas que se han escrito, quede como un documento del

# Impulsos al público

Aquí no se utilizan las posibilidades del teatro. La esfera de las posibilidades no se ha calibrado. No se ha *promovido* el teatro. Se ha trabado el teatro. El destino, aquí, es pensado con ironía. Nosotros no somos teatro. Nuestra fuerza cómica no es de las que se atropellan. La sonrisa de ustedes no puede ser liberador. No nos gusta representar. No les representamos ningún mundo. No es la mitad de un mundo. Nosostros no construimos dos mundos. Ustedes son el tema. Son el centro de interés. Aquí no se trata, aquí ustedes son tratados. Eso no es un juego de palabras. Aquí ustedes son tratados como personas particulares. Aquí no son particulares. Aquí ustedes no tienen ningún signo de reconocimiento especial. No tienen una fisonomía propia. Aquí no son individuos. No tienen ninguna característica. No tienen destino. No tienen historia. No tienen pasado. No tienen señales personales. No tienen ninguna experiencia. Aquí tienen experiencia teatral. Tienen un cierto no sé qué. Son público de teatro. No interesan por sus cualidades. Interesan en su calidad de público de teatro. Constituyen aquí un ejemplar de público de teatro. No son individuos. No son una unidad. Son una pluralidad de personas. Sus caras están giradas en una dirección. Están dispuestos en hileras. Sus orejas escuchan lo mismo. Son un acontecimiento.

Ustedes son examinados por nosotros. Pero constituyen una imagen. No son simbólicos. Son un ornamento. Son una muestra. Tienen características que aquí todos tienen. Tienen características generales. Son una clase. Constituyen una muestra. Hacen lo mismo y no hacen lo mismo: miran en una dirección. No están derechos y no miran en direcciones diferentes. Son una muestra y tienen un modelo. Tienen un concepto de modelo con el que han venido aquí al teatro. Tienen el concepto de modelo que aquí es arriba y que donde ustedes es abajo. Tienen los conceptos de dos mundos. Tienen el concepto del mundo del teatro.

*Peter Handke*

aire y de la sensibilidad de una época, el existencialismo.

De Camus cada vez interesa más su *Calígula* que su *El malentendido* que es otra perfecta «pieza bien hecha».

## *EL DRAMA EPICO*

Todos los grandes autores del siglo XX, cuando escriben en libertad, construyen sus piezas de acuerdo con el drama de corte shakespeariano. De la fusión de estos hallazagos con los adelantos de la corriente realista, y, sobretodo, la convicción de que la era aristotélica ha acabado, surge el drama épico que tipifica Bertolt Brecht y que posiblemente sea la única aportación original que se ha hecho a nivel formal a la historia del teatro en este siglo. La recuperación del sentido del tiempo en Brecht es absoluta, como ya lo empezó a ser en las obras que hemos ido mencionando de los otros grandes autores del siglo XX, Shaw, Pirandello, Strindberg. La pieza didáctica y el realismo socialista son los pasos obligados que llevan a obras como *Madre Coraje, Galileo-Galilei* o *La persona buena de Sezuán.* Se niega lo dramático, en el sentido burgués de la palabra, y se exaspera la estructra narrativa en escenas. El teatro es, además, un podio desde el cual se puede reflexionar sobre la historia pasada y la presente.

No se puede separar la aportación del Brecht autor de su actividad como director. El daba por acabada el redactado de una obra cuando la había puesto en escena. De él y de sus contemporáneos Marieluise Fleisser (1901-1974) y Oedoen von Hórváth (1901-1938), ha surgido toda la gran generación de autores jóvenes de expresión alemana que siguen investigando sobre la posibilidad de aprehender la realidad: Franz Xaver Kroetz (1946), Martin Sperr (1944), Rainer Werner Fassbinder (1946-1982), Peter Handke (1942), Wolfgang Bauer (1941), Wolfgang Deichsel (1939),

Gerhard Kelling (1942) o Peter Turrini (1944). De todos ellos Peter Handke llevará a cabo una de las más apasionantes investigaciones sobre las esencias del lenguaje teatral.

## *OTRAS FORMAS IGNORADAS*

El teatro del siglo XX no ha aportado grandes novedades ni grandes niveles de creación, sobretodo en la segunda mitad del siglo. Se habla de crisis, de falta de autores, de cansancio de las formas y de excesiva repetición de fórmulas. En este panorama que hemos llevado a cabo, no nos hemos referido a las grandes formas de otras razas. Pero esas formas están ahí, y de una u otra manera nos han influido. Brecht las tuvo muy en cuenta y Paul Claudel también. Para el primero ver actuar al actor chino Mei Lang-Fang (1894-1961) en 1935 fue decisivo, como lo fue también para Meyerhold y Einsenstein. Para Claudel tener acceso en su época de diplomático a las formas teatrales japonesas fue determinante. Pero el giro se produce, el cambio de actitud de la mentalidad esencialmente colonialista, gracias a la genialidad de Antonin Artaud cuando ve actuar una compañía de danzas de Bali en la Exposición Colonial del año 1931. Pensamos que lo que comportó *Las Señoritas de la calle de Avinyó* (*Demoiselles d'Avignon*, según los críticos franceses), para el mundo de la pintura, la actuación en París de esta Compañía de Bali representó para el mundo del teatro una revolución parecida. El cuadro picassiano influído por la escultura negra acabó con la convicción de que la perspectiva italiana era el único procedimiento válido para aprehender la realidad en la superficie bidimensional. El teatro de Bali, mejor dicho, Artaud después de haberlo visto, enseñó que había otras formas para aprehender eso que no tiene forma que es la vida que la humanidad ha usado en otras latitudes y

*"Wunschkonzert" (Música només per a vostè) de Franz Xaver Kroetz, dirección de Ricard Salvat, estrenada en Barcelona en 1980. Siguiendo a Marie Luise Fleisser i a Odön von Harvath, Franz Xaver Kroetz ha llevado los presupuestos del naturalismo a las máximas consecuencias en Wunschkonzert (1973) en la que nos narra todo lo que hace una empleada de una fábrica que vive sola al volver a casa. El acto del hombre en su totalidad, es mostrado por Kroetz con una valentía extraordinaria. La actriz que la estrenó en España fue Carla Cristi.*

con las que se han conseguido niveles estéticos y comunicativos tan altos como los llevados a cabo a través de las formas tradicionales de la raza blanca. La segunda lección de humildad que recibe Europa es cuando la Opera de Pekín en 1956 viaja por el viejo continente. Con la creación del Teatro de las Naciones en París, se daría la posibilidad de que el teatrista blanco accediera a las otras formas teatrales. Recordamos con emocionada sorpresa lo que para nosotros representó ver el Conjunto Nacional del Dahomey. Gracias a estas lecciones de humildad, el Living Theater ha viajado al Brasil y el Open Theatre ha intentado ritualizar al máximo sus espectáculos. El Odin Theatret ha viajado a Venezuela y ha entrado en contacto con los ritos de las tribus aborígenes.

Ha empezado a surgir además un teatro negro, un teatro árabe, un teatro que acepta la tradición blanca pero, al mismo tiempo, las tradiciones culturales autóctonas. Como afirmó Houari Boumedienne al inagurar el Primer Festival Panafricano de Cultura en Argel el año 1969, «la cultura africana ha sido negada, condenada al exotismo, al folklore o a la muerte parcial de los museos por obra y gracia del colonialismo». A pesar de todo, una serie de autores, aunque sea con el *handicap* que representa tener que usar a menudo las lenguas de los colonizadores, están ahí. Pensamos en Duro Ladipo, Maxime N'Debeka, Guillaume Oyono-Mbia, Charles Nokan, Guy Menga, Jean Pliya, de los países pertenecientes al Africa negra, pero tampoco hay que olvidar los autores negros de América: Lorraine Hansberry, Douglas Turner Ward, Ossie Davis y LeRoi Jones. Dentro del mundo árabe, y no es gratuito que se haya producido en Argel, hay una serie de autores que siguen al gran maestro Kateb Yacine: Assia Djebar, Walid Carn, Djamal Amrani o Hocine Bouzaher. Kateb Yacine (1929) y Aimé Césaire (1913), han sido los abanderados de esta revivificación. El espectador europeo no puede más que maravillarse ante la riqueza y originalidad de sus

*Panzart Ceremonia ritual del Grupo Maskarada de Euskadi, 1981. En Europa y en América el teatro vuelve a sus orígenes rituales. En Euskadi, donde se conserva una de las formas teatrales más antiguas de Europa, la Pastoral, y donde hay manifestaciones para-teatrales de un interés extraordinario, la compañía Maskarada está llevando a cabo una gran tarea de recuperación de sus tradiciones.*

planteamientos escénicos. Les siguen Ngugi Wa Thiong'o y Wole Soyinka. Cuando vemos *La tragedia del Rey Christophe* y *La tempestad,* de Césaire, o *El cadáver cercado* y *El hombre de las sandalias de caucho*, comprendemos que, irremediablemente, y afortunadamente, algo ha cambiado ya para siempre en nuestro concepto del teatro. Aún no podemos saber qué es este algo pero sí intuimos que es un algo definitivo e irreversible.

En 1978, el Festival de Teatro de las Naciones, cuando en su cuarta sesión mundial se dió cita en Caracas, al lado de los más refinados espectáculos europeos de Lindsay

Kemp, Miklos Jancsó, Claudio Remondi y Ricardo Caporosi, pudimos ver las espléndidas *Diabladas de Oruro*, las danzas guerreras y las danzas de los brujos curanderos del Grupo de Danzas Folklóricas Indígenas, Los Yumbos Chaguamangos de Rucu-Llacta (Ecuador), las muestras de literatura oral del grupo La Kora de Mali o el Teatro Negro de Barlovento, sin olvidar el Conjunto Musical de Níger o el Teatro Charsu de Irán.

Definitivamente el teatro se escribe a partir de ahora a escala mundial y está inaugurando una nueva era. ¿Adónde nos llevará?

# Bibliografía


ALOI, Roberto: *Teatri e auditori.* Milán. Ulrico Hoepli., 1972.
ARTAUD, Antonin: *Le théâtre et son double.* París. Gallimard, 1964.
ARISTÓTELES: *El Arte Poética.* Madrid. Espasa-Calpe, 1976.
ASLAN, Odette: *L'art du théâtre.* París. Seghers, 1963.
ASLAN, Odette: *El actor en el siglo XX.* Barcelona. Gustavo Gili, 1979.
BRENNER, Jacques: *Le procés des juges.* París. Flammarion, 1970.
CASTAGNINO, Raúl Héctor.: *El análisis literario.* Buenos Aires. Nova, 1970.
CASTAGNINO, Raúl Héctor: *Teatro: teorías sobre el arte dramático.* 2 vols. Buenos Aires. Centro Editor de América Latina, 1969.
CASTAGNINO, Raúl Héctor: *Teoría del Teatro.* Buenos Aires. Plus Ultra, 1967.
DECROUX, Etienne: *Paroles sur le mime. París. Gallimard, 1963.*
*DHOMME, Sylvain: La mise en scène contemporaine.* París. Fernand Nathan, 1959.
DIDEROT: *La paradoja del comediante.* Madrid. Calpe, 1920.
DORT, Bernard: *Teatro y sociología.* Buenos Aires. Carlos Pérez, 1968.
DUVIGNAUD, Jean: *Espectáculo y sociedad.* Caracas. Tiempo Nuevo, 1970.
DUVIGNAUD, Jean: *Le théâtre et après.* Bruselas. Casterman, 1971.
GARCIA CARCEL, Ricard: *Calderón de la Barca, el barroc i Catalunya.* Barcelona. Revista *L'Avenç*, nº 46. Febrer de 1982.
GIRAUDON, René: *Démence et mort du théâtre.* Bruselas. Casterman, 1971.
GOUHIER, Henri: *La esencia del teatro.* Madrid. Artola, 1954.
GUARDIA, Alfredo de la: *Visión de la crítica dramática.* Buenos Aires. La Pleyade, 1970.
HELBO, André et alt.: *Semiología de la representación.* Barcelona. Gustavo Gili, 1978.

HOWARD LAWSON, John: *Teoría y técnica de la dramaturgia.* La Habana. Arte y Literatura, 1976. Instituto del Libro.
KARVAS, Peter: *Cuestiones de dramaturgia.* La Habana. Instituto del Libro, 1968.
MAGALDI, Sábato: *Iniciaçao ao teatro.* Sao Paulo. Buriti, 1965.
MOLINARI, Cesare: *Storia di Antigone.* Bari. De Donato, 1977.
NICOLL, Allardyce: *El mundo de Arlequín.* Barcelona, Barral, 1977.
NIETZSCHE, Friedrich: *El nacimiento de la tragedia.* Madrid. Alianza Editorial, 1973.
PASOLLI, Robert: *A book on the open theatre.* New York. Discus Avon Books, 1972.
PISCATOR, Erwin: *Teatro Político.* Madrid. Ayuso, 1976.
POLIERI, Jacques: *Scénographie, sémiographie.* París. Denoël, 1971.
PEICOVICH, Esteban: *Borges, el palabrista.* Madrid. Letra Viva, 1980.
SALVAT, Ricard: *El teatro de los años 70.* Barcelona. Edicions 62, 1974.
STRAUSS,David Federico: *Voltaire.* México. Grijalbo, 1958.
STREHLER, Giorgio: *Per un teatro umano.* Milán. Fetrinelli, 1974.
TAVIANI, Ferdinando: *Il libro dell'Odin.* Milán. Fetrinelli, 1975.
TEMKINE, Raymonde: *Mettre en scène au présent.* Lausanne. L'Age d'Home-La Cité, 1977.
TOVSTONOGOV, Guéorgui: *La profesión de director de escena.* La Habana. Arte y Literatura, 1980.
TOVSTONOGOV, Guéorgui: *Quarante ans de mise en scène. Moscou. Editions du progrés, 1976.*
*UBERSFELD, Anne: Lire le théâtre.* París. Editions Sociales, 1978.
UBERSFELD, Anne: *L'école du spectateur* (Lire le théâtre, 2). París. Editions Sociales, 1981.
VEINSTEIN, André: *La mise en scène théâtrale.* París. Flammarion, 1955.
WEISSMAN, Philip: *La creatividad en el teatro.* México. Siglo XXI, 1967.

## HISTORIAS DEL TEATRO

BERTHOLD, Margot: *Historia social del teatro.* 2 vols. Madrid. Guadarrama, 1974.
CHIUSANO, Italo A.: *Storia del Teatro Tedesco moderno.* Turín. Giulio Einaudi edit., 1976.
DE AMICO, Sivio: *Storia del Teatro.* Milán. Garzanti, 1960.
MACGOWAN, Kenneth-MELITZ, William: *Las edades de oro del teatro.* México. Fondo de Cultura Económica, 1964.
NICOLL, Allardyce: *Historia del teatro mundial.* Madrid. Aguilar, 1964.
PANDOLFI, Vito: *Histoire du théâtre.* 5 vols. Verviers. Marabout Université, 1969.

SALVAT, Ricard: *El teatre contemporani.* 2 vols. Barcelona. Edicions 62, 1966.
SALVAT, Ricard: *Historia del teatro moderno.* Barcelona. Península, 1981.

**DICCIONARIOS.**

DIETERICH, Genoveva: *Pequeño diccionario del Teatro Mundial.* Madrid. Istmo, 1974.
ENCICLOPEDIA GARZANTI DELLO SPETTACOLO. Milán. Garzanti, 1976-77.
LENNARTZ, Franz: *Deutsche schriftsteller der Gegenwart.* Stutgart.
MELCHINGER, Siegfried: *El teatro.* Buenos Aires. Cía. General Fabril Editora, 1959.
SIMON, Alfred: *Dictionaire du théâtre français contemporaine.* París. Larrousse, 1970.
HARTONLL, Phyllis, edit.: *The concise Oxford companion to the Theatre* Oxford. Oxford University Press, 1972.

# Indice

19€ → 12€